# 向上沟通的高手

上司へのすごい伝え方

[日] 齐藤由美子 著

吴限 译

人民邮电出版社

北　京

**图书在版编目（CIP）数据**

向上沟通的高手 / （日）齐藤由美子著 ；吴限译
. -- 北京 ：人民邮电出版社，2023.3
ISBN 978-7-115-60543-6

Ⅰ. ①向… Ⅱ. ①齐… ②吴… Ⅲ. ①人际关系学—
通俗读物 Ⅳ. ①C912.11-49

中国版本图书馆CIP数据核字(2022)第225759号

## 内 容 提 要

在现代职场，只会做、不会说，你就很容易被忽视。刷新职场存在感，得到领导的助力，从而实现快速成长，这些都要从向上沟通开始。

本书作者运用社交类型理论，以 4 种领导类型对标 4 种员工类型，推导出 16 种向上沟通的模式，并展现出 9 种最常见的向上沟通的场景，如当面汇报、线上沟通以及 PPT 展示等，让你真正学会向不同风格的领导主动沟通、精准沟通、恰当沟通，充分地展示自己的能力。

学会向上沟通，回应领导期待，你就能找到快速成长的路径。无论你是初入职场的新手，还是准备向前一步的职场精英，这本职场人不可错过的沟通指南都很适合你阅读。

◆ 著 ［日］齐藤由美子
　　译 吴 限
　　责任编辑 谢 明
　　责任印制 彭志环

◆ 人民邮电出版社出版发行　　北京市丰台区成寿寺路 11 号
　　邮编 100164　　电子邮件 315@ptpress.com.cn
　　网址 https://www.ptpress.com.cn
　　北京捷迅佳彩印刷有限公司印刷

◆ 开本：880×1230　1/32
　　印张：7.75　　　　　　　　　　2023 年 3 月第 1 版
　　字数：200 千字　　　　　　　 2024 年 10 月北京第 5 次印刷
　　著作权合同登记号　图字：01-2022-5784 号

定　价：59.80 元
读者服务热线：（010）81055656　印装质量热线：（010）81055316
反盗版热线：（010）81055315
广告经营许可证：京东市监广登字 20170147 号

　　人工智能很难完全取代人际关系中最重要的沟通行为，向上管理和向下兼容一样重要，这本《向上沟通的高手》让你真正学会向不同风格的领导者主动沟通、精准沟通、恰当沟通，充分地展示自己的能力。

**柯洲　笔记侠创始人**

　　学会向上沟通，你就能找到快速成长的路径。无论你是初入职场的新手，还是准备向前一步的职场精英，这本职场人不可错过的沟通指南都很适合你阅读。

**倪其孔**

**MBA 智库创始人 &CEO**

优秀的向上沟通不仅可以让上级看到绩效结果，还可以让他看到行动过程，从而让你获取更多的支持和资源，得到更多的信息和指点。因为职场人的向上沟通，其本质是在训练两种重要的思维能力：换到他人角度看问题、升到更高层面想问题。

**赵周 拆书帮创始人 《这样读书就够了》作者**

## 因不会处理和领导的关系而烦恼

我有两个儿子，在他们上中学的时候，我离婚了，母子三人一起生活。如今，我的大儿子大学毕业后参加工作五年了，小儿子也工作三年了。

大儿子常常因为处理不好和领导的关系而烦恼，我甚至觉得他的精神状态都出现了问题，于是，我开始思考自己能否为有同样烦恼的人做些什么。

我的大儿子很理性，是一个性情温和的人，做什么事都不轻易放弃，对谁都能坦诚沟通。但工作了一段时间后，他却变得郁郁寡欢，说自己睡不着觉，时常梦到被领导批评。究竟发生了什么？我很疑惑，甚至开始劝儿子把工作辞掉，因为身体比工作更重要。

幸运的是，几个月后，情况有了好转。大儿子开始跑业务，也慢慢适应了与领导的相处方式，整个人的状态也变得稳定多了。

回想起来，大儿子工作半年来一直都在为不知如何向上沟通而烦恼，半年的时光就这样被白白浪费了。如果下属都能够和领导顺利沟通，能够顺畅开展工作，那么大家都会相处得很融洽，也能给组织创造更大的价值。

## 领导也为不会与下属沟通而苦恼

在我工作的 20 多年间，作为管理者，我曾指导和培养过一些团队。在实践中，我深刻认识到"职场代沟"会导致许多误解，尤其表现在沟通上。近年来，领导和下属，尤其是和年轻下属之间的沟通困难问题变得更加明显。

可以想象，领导在理解年轻人这件事上要花费很多时间和精力。尤其在如今的社会化网络时代，年轻人变得越来越沉默寡言，线上交流成了他们主要的沟通方式。在这样的背景下，商业对话和私人对话变得难以区分，更遗憾的是，很多年轻人认为领导的成长经历和成功经验可能已经不再适合自己了。很多领导也为不知如何与下属交流而苦恼不已。可以说，面对如此窘境，大家迫切需要找到一种方法，有效应对这种沟通方式上的改变。

## 不会沟通，怎么谈工作

试着倾听一下年轻人的心声就可以知道，进入公司后，因为与身边的同事，尤其是与领导处不好关系而感到不安和烦恼的年轻人变得越来越多。

在组织中，你需要学习如何通过业绩表现实现职位进阶，成为一个无论到哪里都能体现出独特价值的职场人。但摆在眼前的一个紧迫的课题是团队中的人际关系成了年轻人发展的巨大障碍。如果能排除这一障碍，年轻人就能摆脱内耗，把更多的精力放在提高个人能力上。

那么，职场上所需要的个人能力究竟包括什么呢？我认为是沟通力、想象力、策划力、领导力和推进力等对完成工作有用的各种能力。如果说其中有一项是完成任何工作都需要的话，那就是沟通力。

世界上几乎不存在靠一己之力就能完成的工作，尤其是那些复杂的大项目。绝大部分的工作都需要我们与他人合作，各自发挥不同的作用，共同推进。

从这个意义上说，职场人士的一个必备能力就是沟通力。要想提高沟通力，并非只需要你进入某家公司，顺利地开展工作就行了，而是要找到一个能够充分发挥这种能力的平台，并且要不断地进行磨炼。

如果缺乏沟通力，你就难以在团队中恰到好处地展现个性，难以按照自己的节奏推进工作，也难以得到领导和周围人的认可。不管怎么说，要想事业有发展，沟通力是必不可少的。

## 大家都在为人际关系而烦恼

现代社会，领导和下属之间的所谓上下级关系已经不像过去那么紧张了。话虽如此，感到难以适应环境的人却越来越多。很多对领导持不满态度的员工认为，没有必要努力去适应领导，只要做好分内工作就可以了。

其实不然，沟通力是职场人士不可或缺的能力。不仅是职场，对于需要人与人互动、和谐发展的整个社会而言，如果不具备相当程度的协作和沟通能力，你就难以生存下去。

## 职场沟通力不是先天具备的，你需要刻意练习

大家应该都能感觉到，沟通力和协调力稍有不足，就会难以适应团队，团队对你的评价也会随之降低。很多人因此背负着巨大的压力，而且伴随着压力的积累，也产生了自我否定的消极想法。由于不会沟通，他们还没来得及

在工作中大展身手就被理不顺的人际关系打垮，这真是太可惜了。

沟通力，尤其是职场沟通力并不是我们与生俱来的能力，而是任何人都能够通过后天努力习得的。那些认为自己无法与他人和谐相处的人，绝大多数都把沟通力看成了先天具备的能力。但其实，沟通不过就是一种技能，一种只要勤加练习，就能熟练掌握的技能而已。

如果能够掌握这种技能，大家无论在什么样的团队中，无论与什么样的领导合作，都可以取得很好的业绩。即使你独立创业，学会了沟通，你也能够得到很多人的支持和帮助。

掌握沟通技能并没有大家想象的那么难。和学习任何一种技能一样，盲目地尝试是很难解决问题的，但是如果找到了问题的内在逻辑并转化成解题思路，沟通难题就变得容易破解了。

另外，在职场中，你会遇到各种类型的领导和同事，如果你懂得转换思维，牢记应对策略，那么你就能和他人建立良好的关系。

## 将领导分成不同类型，沟通将变得更加轻松

在本书中，我会把自己在职场中总结出来的社交类型沟通法与大家分享，让这种方法在具体的沟通情境中发挥作用。社交类型沟通法的核心内容是在沟通之前，把沟通对象按社交类型进行分类。虽然人与人千差万别，但大家可以通过大体的分类来了解彼此，进而找到应对的方向和思路。

本书第 1 章介绍了职场沟通的基本方法；第 2 章阐释了社交类型理论的内涵并分析了领导的类型；第 3 章教大家如何与不同社交类型的领导进行沟通；第 4 章具体介绍了不同工作场景下与各种社交类型的领导沟通的实际案例。由于本书是依循从理论到实践的逻辑进行章节编排的，所以，建议读者朋友们务必按顺序阅读。

## 补齐短板，以自己的方式向上沟通

向上沟通是职场沟通的重要一环，也是向上管理的核心内容。没有一个人是不能沟通的，领导也不例外。如果更多人能与他们眼中不太好相处的领导建立良好的人际关系，那么大家就不会像我儿子那样因领导的只言片语而受伤或感到郁闷了。

学会向上沟通，你才能够集中精力、干好工作，才能提高在组织中的适应能力，这样无论今后你进入哪个团队，都能稳定持续地发展。即使在个性化时代，沟通力也是你职场生涯中的一项核心竞争力。

领导不可怕，和领导也能聊得好。希望大家不要把向上沟通想得太过复杂，先从改变"我天生就不擅长沟通"这种想法开始。我会教给大家简单、实用、高效的向上沟通方法，帮助大家更好地推动工作、实现自我价值。

# 目 录

## 第 1 章
## 职场上最重要的就是沟通
你会因为不会和领导沟通而烦恼吗

## 第 2 章
## 四种社交类型的领导

天生不同，领导也一样

# 第 **3** 章

## 16 种向上沟通模式

当这样的你遇见那样的领导

# 第 4 章
## 9 种向上沟通的场景
和领导沟通，你有没有遇到过这种情境

第 **1** 章

# 职场上最重要的就是沟通

你会因为不会和领导沟通而烦恼吗

CHAPTER

01

# 你是否建立了良好的人际关系

## 职场沟通的特殊含义

大家在职场中能否建立起良好的人际关系，遇到问题时能否与领导好好沟通呢？可能很多人都与领导合不来或者因得不到领导的赏识而心怀不满。我儿子也一样，他刚参加工作的时候，也苦恼于不会向上沟通，处理不好和领导的关系，常常夜不能寐。我儿子应该不是特例，让大部分员工感到非常困惑的大概有两件事：一是在向领导汇报日常工作或者提出意见的时候不知道该怎么表达，二是苦于弄不懂领导的真实用意，导致沟通错位。不过这也是在所难免的事情，毕竟职场上的人际沟通与学生时代在同学们之间的沟通完全不是一回事。尽管现代人在社交网络上都沟通得很顺畅，但很多人还是缺乏在像公司这样的组织中，根据自己和对方所处的立场来采取不同沟通策略的能力和经验。

首先，让我们明确一下职场中沟通和交流的特殊意义。如果你总以自己还不习惯新环境，不会沟通也情有可原为借口拒绝改变，那就真的无法解决自己的难题和困惑。如果你能从现在的负面情绪中解脱出来，说不定就能走出"沟通瓶颈"，更顺利地完成工作，不断成长。也许大家会说："道理我都明白，但就是不知道该怎么办。"当然，这需要一些技巧和方法，撰写本书的目的就是把这些技巧和方法介绍给大家。但在此之前，我们还要明白职场沟通为什么很重要，这正是在第 1 章中我们所要探讨的内容。

　　与朋友、家人之间的交流完全不同，职场中的交流有其特定的意义。我们只有先明确组织里交流的本质是什么，才能找到好的技巧和方法，并且有效地利用这些技巧和方法向上沟通，最终实现业绩增长和个人成长。

# 02

# 领导和下属之间为什么会产生分歧

## 苦恼于不会向上沟通的人可不只你一个

也许很多人在为不擅长职场沟通而苦恼的时候，常常会感到孤立无援，觉得"只有自己才会这样吧"。如果你也这么想，那就请你放心，实际上苦恼于职场沟通的人有很多。一项关于职场压力的调查结果显示，20~50 岁的职场人士普遍感觉在工作中承受的压力最大，具体而言，收入（经济方面）占 24%，工作内容占 24%，与领导的关系占 14.6%，与其他同事的关系占 14.4%，与客户等公司外部人员的关系占 5%，其余占 18%。由此看来，职场上的烦恼大都来自收入、工作内容和人际关系等。而在人际关系中，苦恼于不会向上沟通的人有很多。《跳槽》杂志在 2020 年发表的关于"跳槽之前的职场人际关系情况"的调查结果显示，88% 的人选择跳槽是因为对职场中的人际关系感到不安，其中对与"顶头上司"的关系感到不安的占 79%。

## 不能理解领导的立场就会产生误会

学会向上沟通也是提高个人能力的重要途径。要想与领导的关系融洽，最重要的是要理解领导的苦衷，并且通过沟通，让领导也明白你的难处。可是，现实中还是有很多人做不到，其中的缘由究竟是什么呢？

在职场中，领导和下属所处的位置和立场本就不同，双方沟通起来自然会有难度。领导的任务是带好整个团队，目的是提高整个团队的业绩。如果你不能清楚地理解领导的这一立场，盲目去沟通，多数情况是要产生误会的。

## 每一位领导都不一样

另外还有一点，不管什么样的领导，你都对其采取一成不变的沟通方法是不明智的，不仅无法达到有效沟通的目的，有时还会让领导对你有误解。领导也是普通人，也有个人的好恶，性格也不尽相同。不同类型的领导不可能用一种价值标准去评价下属。如果你不分辨领导的类型，而机械地按照一种固定的逻辑去和领导"沟通"，领导会认为你是一个不知变通的人，根本无法胜任组织交给你的重要工作。

总之，在与领导沟通之前，尤其在感觉难以和领导有效沟通的时候，请你一定要记住上面所说的两个要领，并通过实践去积极地做出改变。

## 03

# 你所期待的领导是什么样子

## 每个人理想中的领导都不一样

你是否想过，在与领导沟通这件事上，为何很多人都会感到困惑？其中一个原因是因为时代的不同，下属对领导的期待也不尽相同。曾经有一项关于"你所期待的领导是什么样子"的问卷调查，结果显示：希望领导能够倾听下属意见的占 53.7%；能够对下属循循善诱的占 46.9%；不以个人好恶评判下属的占 37.7%；能够重视职场人际关系的占 29.7%；能够对工作充满热情的占 25.1%；能够直言不讳、严格指导工作的占 18.3%；能够掌控局面、具备较强领导力的占 13.7%；能够卖力工作的占 10%；能够规规矩矩、清清白白做事的占 7.1%；能够把工作放手交给下属的占 3.4%。

调查结果还显示，职场中希望领导能够倾听、鼓励和关心下属——这样的期待逐年提高；相反，希望领导对下属严厉或者希望领导成为"工作狂"——这样的期待逐年降低。现代职场中，很多职员都认为能够尊重部下、温和待人的领导才是一位好领导。可是在二三十年前，或者在更老一辈的职员心目中，所谓的"好领导"是对下属严格，能够发挥强大领导力，对工作全面掌控的领导。实际上，持这种观点的人现在往往都已经位于管理岗位了。

## 领导画像的差异让向上沟通变得困难

对领导的期待，也就是理想中的领导画像会因为年龄不同而存在很大差异。正因如此，客观上导致了领导和下属之间的沟通困难。

现实往往如此。有的领导很强势，对下属很严苛，虽说从领导的角度来看，这样做是为了员工的成长和整个团队的发展，但在有些员工的观念中，领导的言行却暴露了他们全然没有考虑下属的心情，没有体谅下属的处境。他们希望领导能更多地关注自己，对自己的努力给予更高的评价。但遗憾的是，一位较为强势的领导很可能没有注意到下属的这些心理需求。

## 领导不好？这可不能一概而论

日常生活中，大家是否感受过"沟通代沟"呢？我想答案是肯定的。即便你和长辈的关系再好，也不能像与朋友那样无话不谈（因为朋友与你有共同的价值观）。在交流过程中你会不由地发出这样的感叹："你的价值观，我真是不敢苟同啊！"

职场也是如此。这种价值观上的差异，导致了不同年龄段之间的沟通变得更加复杂。领导往往比大部分员工成熟年长，二者在价值观上也存在"代沟"。然而，不能迎合员工价值观的领导就不是好领导吗？真的不可一概而论。每个人都拥有不同的人生轨迹，有着不同的经验感受，自然对事物也有着不同的看法。作为领导，他们也只能在与下属的接触和交流中尽可能地去了解他们的感受，理解他们的价值观。

如果只是因为价值观不同，你就回避交流和沟通，对你和领导之间的鸿沟置之不理，任由矛盾和分歧扩大，那就得不偿失了。只要领导没有关上沟通的大门，你就永远不要放弃沟通的权力。为了工作能够顺利进行，为了自己能够不断成长，必要的向上沟通是不可或缺的。所以，让我们稍微放松心情，一起来学习高效的向上沟通技巧吧。

04

# 做自己，还是迎合他人

## 沟通力是每个人都需要具备的能力

与欧洲一样，日本在现代商业活动中也引入了实力主义和成果主义评价体系。随后，日本社会出现了一种很流行的观点，认为察言观色和迎合他人是不适应现代职场的日本人的典型心理倾向。对于这种观点，大家是如何理解的？在现代职场中，我们要如何处理"做自己"和"迎合他人"之间的微妙关系呢？

也许有人会认为没必要迎合他人，就要坚持做自己。可是职场如战场，对于职场人士而言，沟通力是最基本的能力，并且为了能够顺畅地沟通，适当地"迎合他人"也是非常重要的一环。还有人会认为"迎合他人"是一种非常消极的表现，但你是否想过，职场上如果无视他人的状况和立场，而自顾自地开展工作，或者对他人的需求毫无回应，最终你能够顺利地推进合作、完成任务吗？

## 拿捏好坚持与妥协二者之间的平衡

当然，"没有必要勉强自己去迎合他人"这种观点是没有问题的。我们的确无须在所有场合勉强自己一味去迎合他人，这样做只会徒增压力，让自己身心俱疲。但事情也要一分为二地看，如果"不要迎合他人"的意识过于强烈，可能会影响沟通，导致你的工作停滞，业绩上不去，这种得不偿失的做法只会让你更加焦虑和苦恼。

我也非常理解大家想"做自己"的心情。毕竟在职场中，要想突显个人能力，寻求更大的发展，拥有个性、发挥自己的独创性就变得越来越重要。但是当你想用自己的创意去完成某件事情的时候，身边有支持你的领导以及与你一起行动的同事，也是十分必要的。所以我们还需要辩证地去平衡"做自己"和"迎合他人"之间的微妙关系。

如果你还苦恼于职场上与领导和身边同事之间的关系，并因为自己一些固执的想法和做法而导致没有得到应有的评价，那么也许你现在就应该做出改变，尝试并不断磨炼自己"适当妥协"和"迎合他人"的技能。

## 别想太多了，职场沟通只是为了推进工作

大家在实际运用中需要注意的是，所谓"迎合他人"并不是要将自己的价值观和理念与别人的保持一致。说到底，"迎合他人"的目的只是为了能更好地推进工作，让

自己取得预期的成果、得到应有的评价。

作为组织中的一员，把工作做好是职责所在。因此，在推进工作的过程中，如果因为不会沟通，特别是不会向上沟通而产生矛盾或摩擦，并且影响了自己的发展，我们就应该努力去排除这些负面因素。掌握在守住底线的前提下恰到好处地"迎合他人"的技巧，无疑是最为有效的方法之一。

作为职场人士，相信你一定有过这样的体验，不擅长沟通或者缺乏沟通意识会阻碍工作的推进。相反，无论面对什么类型的人，纵然大家理念不同，甚至对方抱有绝对不会和你成为朋友的想法，如果你都能游刃有余地去沟通和交流，那么工作自然就会顺利展开，甚至会有意想不到的好结果。总之，不管大家的个性如何，在职场上，为了能够实现效益的最大化，我们需要掌握沟通的技巧。

具备恰到好处地"迎合他人"的能力，不但不会招致对方的反感还会提升领导对你的评价。解决了人际关系上的各种问题，你便能够全力以赴地开展工作。

**05**

# 职场沟通的三个要素是什么

## 职场沟通力＝倾听力＋表达力＋认知力

对职场人士而言，沟通力是贯穿整个职场生涯的核心能力。那么沟通力究竟是什么？让我来告诉你们吧。

沟通力包括三个要素：倾听力、表达力和认知力。

①倾听力：并非只是单纯地听对方说话或者被动接收对方传达的信息，还包括在此基础上进行更深层次的提问。通过提问，你将进一步获取更详细的信息，掌握对方

的真实意图。

②表达力：将自己的意见和想法准确地传达给对方。职场上为了实现目标，就要准确地传达信息。将你想传达的信息准确无误、简明扼要又逻辑清晰地传达给对方的能力就是表达力。

③认知力：认识到对方的存在和变化，并且承认对方的行动对结果造成的影响。认识到对方的存在，既包含日常生活中相互寒暄这样的小事，也包含尊重和关注对方，甚至要注意到对方在一段时间内的精神状态变化。你要把这样的变化传达给对方，同时对其工作和行动的结果给予评价。

总之，这三种必要的能力越强，工作就越能够顺利地展开，你就越能够建立和保持良好的人际关系。

## 你说的话通俗易懂吗

从另一个层面看，沟通通常可以分为语言沟通和非语言沟通两种。顾名思义，语言沟通就是单纯地靠语言去表达，非语言沟通则是通过手势、表情和声调等来传达信息。

在职场中，我们要通过"语言"和"非语言"的方式来进行积极的沟通，当然，选择也非常重要，即在职场中要选择合适又应景的措辞并且简明扼要地将信息传达给对方。当然，高超的表达能力并不意味着非得使用高级的词汇，实际上选择使用连中学生都能接受的表达方式才是"最优解"。

记得我在职场上打拼时听前辈说得最多、对我最有启发的一句话就是：沟通能力强的人能把艰涩的话通俗易懂地讲给中学生听。

其实，我们很多人都是在上大学或进入社会后，才学会的职场用语和业界的专业术语，所以一旦进入某一领域工作后，就习惯性地偏好使用该领域的专业术语与人沟通交流，全然不顾别人是否能够听得明白。而会沟通的人却正好相反，他们会把那些专业术语转换成通俗易懂的话，让每一个与他沟通的人都能够"秒懂"。

尽管很多人都说未来人类的大部分工作可能都会被人工智能所取代，但人工智能却很难完全取代人际关系中最重要的沟通行为。在这个意义上，你能否成为难以取代的职场达人，展现出核心竞争力，很大程度上取决于你是否掌握了高超的沟通技巧。

**06**

# 避免发生沟通失误的关键是什么

## 分别接收事实信息和情感信息

在职场上，你一旦缺乏沟通能力，就会四处碰壁。倾听力是沟通力的一个重要因素，在实际运用中，将听到的事实信息和情感信息区分开是关键，如果将二者混为一谈，就会出现问题。

想必很多人都有过这种让人郁闷的经历吧。例如，就某件事情询问领导的时候，领导有时会语气稍硬地回复

"我现在很忙"。或者领导正全神贯注地盯着电脑屏幕时，你很着急地对他说："您现在方便吗？"而认真工作的领导却并没有马上抬起头，把你晾在一边。在领导看来，你打扰了他，而且像这种不知所云的提问方式只会浪费时间。这时，领导往往就会以"我很忙"来回复你。在这种情况下，如果只接收到来自领导的情感信息，你就会做出"领导讨厌我""不可以提问题"等错误判断，这样一来，本来应该问的问题也没有问出来。面对这样的情境，其实有必要把领导希望你换个时间再问的事实信息与从领导语气中获得的情感信息分开接收。

我们要将领导传递的信息明确地进行事实和情感的区分，然后认真收集事实信息再去解决问题，同时准确分析情感信息，做出综合判断，从而与领导产生共鸣，建立和维持良好的人际关系。如果你能做到这一点，也就迈开了向上沟通的第一步。

## 表达并不是单方面的信息传递

如果欠缺表达力就往往很难从对方那里获得自己想要的结果。比如，你有一件很紧急的事应该立刻向领导汇报，但是领导并没有给予回复，而你却觉得自己已经传达过了，结果因为事情并没有真正传达到位而最终把工作耽误了。如果我们缺乏将期限和目的等信息准确且完整地传达的能力，就会严重影响工作进度。

当今社会，互联网技术日益发达，越来越多的人选择通过电子邮件和社交软件进行沟通，传统意义上的通过书面沟通似乎已成为过去式。这种信息传递方式的转变，也带来了"已发送"与"未收到"，"想早点让对方看到"与"就那样传送着"等诸多差异。

其中的一个后果就是，即使对方没有做出预想的回应，但是我们会以"我已经发送了"为由，不做任何积极行动，只默默地等待着。长此以往，工作效率就会下降，还容易出现差错。由此可见，"表达"并不是单方面的信息传递，还需要我们具备确认对方已收到并得到对方回复信息的意识，而这正是构成表达力的重要因素之一。

　　这些案例提示我们，在职场沟通中，无论哪个环节出现了差错，结果都会大受影响。

07

# 强调自己的主张也要分场合

毫无疑问，当今时代是一个充满个性的时代，自我主张的价值变得越来越高。我们的职业观念也发生了巨大变化，以前在工作上都是个人从属于公司，而现在则是个人从属于职业，员工对于公司的情感浓度和依附度已大大降低。

为公司奉献自己的全部，始终把公司放在心中已经是"老观念"了。在职业生涯规划上，比起在哪个公司就职，我们更重视的是个人如何成长。当然，这并不意味着毫无作为地在公司之间跳来跳去，只是我们更能意识到专业性（职业性）对个人的职业发展有着非凡的意义。

现在有一种流行的说法：只完成公司交代的工作实在有点"逊"，而用自己独特的创意和行动去创造价值才最"酷"。这种观点无疑告诉我们，在工作中重视自己的意见和价值，形成自己的个性，对于从事专业性工作的人来说非常重要。

## 在个性化时代也要重视团队驱动

个性对于专业性工作的重要程度不言而喻，尽管如此，我们也要意识到，在一个组织系统中过分强调个性和自我主张往往会带来负面效应，有的情况下，过度的自我主张甚至会耽误整个组织的发展。试想一下，你总是和领导的意见相左，总是做一些"叛逆"的事情，这样做的后果不仅不利于自己的发展，也会阻碍整个公司业务的有序推进。

何况工作本身也是需要组织驱动的。即使你有非常卓越的创意和理念，仅靠你一个人的努力就能创造出巨大价值吗？这几乎是不可能的。就算是现在比较流行的自由职业者，看起来好像是一个人在工作，但实际上他也是在一边与众多公司、人员打交道一边开展工作的。

在组织中进行的工作就更不用说了，靠一己之力完成几乎是不可能的，多是在团队的协同驱动下完成的。在一个组织中，领导的任务和作用就是要带领团队朝着一个方向和目标努力推进。也就是说，比起实现自我价值或团队中个体的理想，朝着整个团队的任务方向前进才是领导应发挥的作用。如果团队中总有人一味主张自我，领导就带不动团队，业绩也就无法提高。

总之，无论置身于怎样的个性化时代，位于组织中的我们都必须具备团队意识，学会向上沟通，学会在团队中开展工作，才能最终实现自己的价值。

## 主张自我也要看场合

当然，提出自己的主张并不是一件坏事，每个人都不希望自己成为一个没有主见、人云亦云的人。但是，我们也要一分为二地看。这就像在棒球比赛中，投手究竟投出曲线球还是直线球，要根据当时的情况有策略地选择。通常，自我主张强的人容易认定自己是正确的。暂且不说这种认知的主观片面性，即使从个人角度看是正确的，从领导层面和整个团队的角度看也未必是正确的，这种情况在组织中屡见不鲜。并且，如果个人反复强调自己的主张，结果只会降低组织的各种效能。相反，为了顺利展开工作，为了做出更好的成绩，在认清团队整体利益的基础上，明确提出自我主张的人则一定会在组织中受到重视和提拔。能够在推进工作的过程中适时地、有策略地提出自我主张的人，也不失为宝贵的人才。

08

# 如何让领导愉快地说"没问题"

## 是应该坚持自我主张，还是应该迎合领导的意见

如前文所述，组织需要协调性，如果一味贯彻自己的意见，工作进度就会受到影响，不仅如此，领导和同事也会对你有看法。

从个人发展的角度而言，你也需要站在统合整个团队的立场上去理解领导想做什么，并积极配合其行动。如果能做到这一点，你就具备了向上管理的思维，不仅工作能顺利进行，领导对你的评价也会显著提高。

高效的向上沟通是实现向上管理的关键。在向上沟通的过程中，你是怎样和领导"过招"的？如果想让领导采纳你的意见，让领导回答"没问题"，最关键的"一招"就是要先明确领导的立场和社交类型，然后把握合适的时机，充分阐释自己的意见。关于领导的社交类型，我会在后文中详细介绍。

下属提出个人意见时，领导首先要考虑的是：从团队的利益出发，是采纳多数人的意见，还是力排众议、只采纳一种意见。对此，我们也要看清楚，现在团队所进行的工作是否到了必须从另一个角度重新审视或者必须加速推进的阶段。

在实际工作中，我们常常会发现这样一种情况，我们在坚持自己的主张时，如果能够和领导的意见合拍，那么就会被领导和团队所重视，接下来自己的意见也就更容易被采纳。

## 善于判断时机的人会仔细观察领导的状况

在日常交流中，工作能力强的人会仔细观察领导的状况，并在此基础上精准判断是现在就和领导说还是改天再说。大家都能理解，领导有时会因为工作量太大或者正在处理一些棘手的问题而无暇他顾。而此时即使你提出创造性意见，被领导采纳的概率也非常低。这也说明沟通前先观察领导的状况非常重要。

在向上沟通中善于判断时机的人，平时就对领导的工作状况一清二楚。他们会留意领导的工作计划表、与重要客户的谈话提纲，以及为公司内部会议准备的会前资料。他们还会注意倾听领导在工作场合发表的重要讲话。通过这些信息，他们就能掌握领导现在要做什么、将来要做什么等情况。之后，根据掌握的这些情况，他们就能大致判断出什么时机说什么话才是最优的选择。

另外，为了尽快推进工作，我们有必要预见这种情况：领导在集中精力处理自己的事情时，并不一定会充分考虑我们的意见。

领导也是普通人，但是员工总有这样一种误解，认为"领导什么都能做是理所当然的""因为领导的工作能力强，工资高，职位也高"。而对于那些看起来工作能力一般却能得到领导认可的同事，他们充满妒忌，甚至因此还对领导有不满情绪。

对于这种情况，我们需要冷静思考。毕竟领导担负着管理整个团队的重任，需要从团队的整体利益出发，而不是站在每个员工的立场思考问题或委以工作任务。作为下属，我们需要学会在领导所处的苦恼和矛盾之中，找到自己应处的位置，努力做好自己的本职工作。

## 要学会引导领导说出"没问题"

如前文所述，领导也是普通人，每个领导都有自己的价值观和做事方式。通常，领导的主张和做事方式不同，结果也会有很大不同。比如在 IT 行业，有的领导会专注于通过扩大业务量来扩大企业的规模，但也有领导更专注于产品性能研发和品控。很难说哪位领导的决策是正确的，他们的主张其实都是基于公司的实际情况和现实需要。由此可见，即使我们所做的事情相似，方向相近，但也要与公司、团队相合拍，这就回到了之前提到的表达力的问题，你能否做到共情、共感地去表达自己的主张，其结果也大相径庭。

在组织中，没有人是真正不可替代的。从这个意义上讲，无论你的能力有多强，都需要不断磨炼自己作为职场人所必备的素质，提升共事的能力，积累经验，在坚持自我主张的同时，也能让领导支持你，毫不犹豫地说出"没问题"。

# 09

## 再琢磨一下，还是先行动起来

### 不能等着领导和你搭话

在领导和下属的交流中，我们常常会听到这样的说辞："等领导问我，我再详细汇报。"但是这样的做法真的可取吗？如果你每次都被动地与领导沟通，那么在公司里就很难获得理想的职位。要想成为工作能力强，活跃且出众的职场达人，就必须打起精神来，积极主动地开展工作。

在职场中，每个人都是通过行动来产生价值的。如果只是去想而没有实际行动，那就等同于什么都没做；如果只是一味闷头学习而没有实践，也等于什么都没有做。所以，我们只有把所思、所想、所学统统付诸行动，得到应该得到的结果，才能获得组织和领导的好评。

要想成为职场精英，比起思考更重要的是先行动起来，而且要积极主动地去行动。如果行动也是被动地接受，那就变成了"推一步走一步"的人。退一步讲，如果能做好别人交办的事情也可以，但要是中间稍微出现一点失误，你所有的行动都会白费，而你将变成大家心中什么都做不好的人。

## 被委托也是被考验

职场上有这样一句话："被委托的同时你也是在被考验。"领导委托下属做某件事的时候，不同的下属对这件事的投入程度是不一样的。被动的下属是领导说"一"他就做"一"，多一份力都不愿出；而积极的下属则是领导说"一"他却做到"十"，不仅全力以赴，还要超额完成任务。如果只是毫无主观能动性地照别人说的去做，恐怕不论做什么事情都只能做到"一"，长此以往，你将不会有任何成长。

在职场中，能够和领导积极沟通非常重要。只有积极沟通，你才会进一步了解对方，才能充分领会领导委托你工作的目的以及他所希望达到的效果。这样你才能与团队保持步调一致，取得好的业绩，得到领导的好评。

总而言之，公司和学校完全不同，我们不是努力学好老师教授的知识就可以了，我们需要通过积极的行动，为公司创造价值才行。也就是说，我们在公司这样的组织中，需要时常拿出业绩，不断积累经验，最终成长为职场精英。

## 跳槽不能解决所有问题

现在越来越多的人不会死板地选择永远在一家公司工作，为了提升个人价值，他们会不断地更换工作同时积累工作经验、锻炼业务能力。这样做本无可厚非，但这里有一个重要的问题：有多大本事做多大事，你如果不能在现有的位置上做好工作，提高组织的价值，即使获得了更好的发展机遇，另谋高就，也很难在新环境中取得理想的业绩。大河有水小河满，让组织的价值有所提升，你的价值才会跟着提升——这个原则在任何一家公司都是适用的。

因此，对大多数职场人士而言，跳槽是一件需要谨慎对待的事。但是现实中永远认为在现在的公司很不顺，永远想换个地方试试的"职业跳槽者"也在不断增加。可正如上文所言，如果自己并没有做出什么业绩，无论到哪家公司工作，很大程度上还是会和之前的处境一样，难以做出像样的成绩。与其面临这样的窘境，不如先在现有的职位上做出一些成绩，让自己积累一些资本和经验。要想做到这一点，我们就需要改变工作方法，充分调动主观能动性，由被动变为主动，赶紧行动起来。

总之，沟通力是职场精英普遍必备的基本能力，但这并不意味着被动沟通也能获得这种能力，你唯有拿出积极的态度，才能在行动中不断增强这种能力。

**10**

# 提高向上沟通力的有效工具：
# 社交类型理论

## 随时随地都能与任何人沟通的秘密工具

虽然职场上的人际关系非常重要，但还是要奉劝各位，无论你是找工作还是跳槽，都不要把"公司里都是些什么样的人"作为你选择这家公司的条件。之所这样说，是因为即使公司里有一位工作能力超强的领导，一旦他有一天辞职了，公司的氛围就会发生翻天覆地的改变。也就是说，"铁打的营盘，流水的兵"，永恒不变的只有变化本身，我们不要被不稳定的因素所左右。无论领导是什么样的人，无论我们与什么样的领导相处，掌握有效的沟通技巧才是最明智的，也才能以不变应万变。以此而论，回到刚才的话题，有志于在职场上打拼的各位，我们应该始终把工作内容和公司愿景作为择业的中心议题，为自己找到一个能够实现自我价值的平台环境。

为了能够调动一切有利条件为自己找到好工作，干出业绩，职场沟通力是必不可少的。而提高这种能力的有效工具就是社交类型理论。

## 心理学家提出四种社交类型

心理学认为，社交类型不同，每个人所期待的反应以及感到舒服的交流方式也不尽相同。如果沟通能够建立在充分考虑对方风格的基础上，那么不管遇到什么样的人，我们都能顺畅地进行交流。职场上，我们会根据不同类型的人采取不同的沟通策略。职场沟通的方式多种多样，因人而异，因情境而异，但总是围绕四种社交类型展开的。

社交类型理论是由心理学家提出来的。该理论依据人在社交中的思维方式、决策方式、判断方式和情感表达方式的不同，将社交类型分为以下四种。

- 行动派：有明确的主张和统领能力
- 思考派：注重细节，重视整合效果
- 感觉派：态度积极，善于活跃气氛
- 协调派：能够做到先人后己，善于担任辅助角色

行动派通常拥有强大的独立行事能力和竞争能力，是能够明确说出"Yes"或"No"的人。他们只关注最终业绩和核心项目，遇事能够当机立断。另外，在工作上，他们拥有善于抓住潮流和趋势、推动事业勇往直前的能力，永远重视用理论和数据作为判断事物的依据。

思考派通常是组织中的慎重派。虽然他们不会马上回

答"Yes"或"No"，但非常有韧性，总是能够谨慎地分析和研判事物，并能给出最合理的方案。在工作上，比起速度他们更追求质量，重视理论根据和推导过程。

感觉派有开朗活泼的性格，会毫不避讳地说出"Yes"或"No"。他们情感丰富，喜欢表达，喜欢凭直觉做判断，做事情不拖泥带水。工作上，他们非常渴望被别人认可，有很强的团队意识，也能够带动气氛，喜欢与周围人"打成一片"。

协调派相比较其他类型是最容易亲近、沟通和协商的人。他们并不依靠迅速给出答复来强调自我的存在，而善于倾听他人的意见。工作上，他们比较重视人际关系，会一边充分考虑各方意见、协调各种关系，一边有序地推进工作。

# 针对不同类型选择最佳沟通方式

一般而言，容易成为领导的人，通常都是像行动派或感觉派那样的能够当机立断、独当一面且能身先士卒的人。但这也不是绝对的，有时受职业经历、个人能力和职场环境等多方面因素影响，思考派或协调派也会成为领导者。

如果知道了领导和周围的同事属于哪一种社交类型，你也就明白了应该采用哪种沟通方式最好。至于分辨社交类型的具体方法，我会在后文中进行详细讲解。

当今社会，人们普遍重视生活与事业的平衡，"八小时"之外的生活变得越来越丰富多彩。而且作为个人全面发展的必要条件，我们会不断加强与家族成员之间的连带感，加深与地域、社区的交流，并且积极参与各种社交活动。伴随着接触的人越来越多，如何有效沟通和交流，也成为我们需要关注的问题。

有鉴于此，为了在社会化网络中建立良好的人际关系，根据对方的社交类型，掌握不同的沟通技巧，将成为我们能够顺利沟通的有效手段。

**11**

# 社交类型也可以后天改变吗

## 协调派越来越多

一个人的社交类型并不仅仅基于先天性格，后天的养成以及所处环境的变化等都可以对其产生重要影响。

2020 年 7 月，日本一家从事人力资源分析和咨询的公司对在 120 家中型企业就职的员工，以及本科及以下学历员工的社交类型进行了调查。调查结果显示，各年龄段所属社交类型的人数占全体调查人员的比例如下。

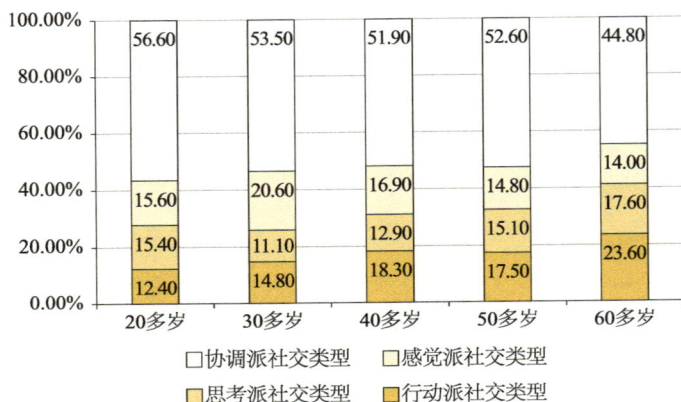

从数据可以看出，无论哪个年龄段，协调派社交类型都占比最多，当然，这个结果也许在其他国家会稍有出入。不过，从经济全球化视野和产业链的系统分工来看，尽管每个人都可以自由表达意志，依据自己的想法去处理事情，但是在越来越多需要集体决策和团队合作的组织体系中，善于协调的社交类型是非常受欢迎的。

## 不同年龄有不同的社交类型

时光飞逝，时代不断发展。在曾经的泡沫经济时代，24 小时保持工作状态的"年轻"一代职员现在都已经 60 多岁了。据说，生活在那样一个奋斗的时代，几乎每四个人中就有一个行动派。

而现在 40 岁左右的职员却正处在事业的"瓶颈期"。假如我们能够给他们提供一个像泡沫经济时代那样活跃的"舞台"，想必这些人当中会出现很多行动派或感觉派的职场精英吧。

当今时代，已经从单纯追求个人脱颖而出的竞争时代转变为重视协调能力的共赢时代。在这样的时代背景下，越来越多的年轻人倾向于无所谓是否有自我主张，也是这个缘故，在 20 岁左右的职员中，协调派人数在增加，行动派人数在减少。

## 不同的角色定位塑造不同的社交类型

我们试着推测一种社交类型出现的概率是如何随着年龄的变化而变化的。比如，行动派社交类型出现的概率大体上是随着年龄的增长而增加的。其实这一现象不难理解，因为在职场上，通常都是伴随着年龄的增长，你的阅历会变得更加丰富，能力和才干也会相应提升，这个时候组织多会提拔你，赋予你相应的领导角色。而角色将会塑造你的社交类型，也就是说，因为有不同角色的存在才形成了千差万别的社交类型。如果你担任领导的角色，作为领导你会面对更多的诸如需要当机立断、需要冷静分析的情况，我相信这个时候你会和大多数人一样倾向于行动派的社交类型。

与行动派社交类型的情况类似，思考派社交类型出现的概率也会随着年龄的增长而增加。随着经验的不断积累，专业知识和技能的日益纯熟，更多的职场人士自然而然地会倾向于思考派的社交类型。

被情感所左右的程度通常与个人的气质禀赋有很大关

系，后天一般是难以改变的。然而，判断事物的能力和迅速决策的能力却是可以后天培养的。正因如此，根据组织赋予你的角色和你与周围人的关系状况，针对不同的场合选择不同的社交类型才成为可能。

## 根据不同的场合调整社交类型

当组织需要许多人聚在一起做出决定的时候，大家通常都会采取协调的策略，变成协调派，不强调个人的主张，审慎地观察周围的情况。当然，在这种场合中，也会有人充当行动派。工作时是行动派，与朋友相聚时是感觉派，在家时又是协调派——根据所扮演的社会角色和所处的情境，随时调整着自己的社交类型的也是大有人在。

总之，社交类型说到底不过是人们在交际过程中针对不同的人、不一样的场景所做出的思考、判断和情感的表达，它可以脱离一个人的本性而独立存在。

# 12

# 领导反应不热情，你怎么想

## 不要为领导的言行而惴惴不安

在实际的交流和沟通中，如果你明确了对方属于哪一种社交类型，你就能够相对客观地看待对方的一言一行，那么你们之间的关系也会变得融洽。举个例子，我们经常会碰到这样的情况，为了增加彼此之间的亲近感，你找机会主动和对方攀谈，但是对方的反应却没有想象中那么热情。遇到这种情况，也许很多人会认为对方比较讨厌自己或者对自己有点看法，实际情况却未必如此。比如，如果你之前知道对方属于行动派，那么你就会清楚行动派比较讨厌没有目的的闲谈。有了这样的判断，你就不会为对方的言行而感到不安或者受伤害了。

再比如，如果领导没有当场做出决定，我们也没有必要胡乱揣测是不是因为自己的工作没有做好，或者是不是哪里得罪他了。因为不是所有领导都是行动派，还有很多属于协调派。协调派风格的领导其最大的特点就是在没有达成共识之前，是不会轻易表态或者采纳某个人的意见的。如果你掌握了这些信息，就会明白领导没有立即拍板也是在情理之中的。其实，相比较而言，协调派风格的领导是最容易接纳下属意见的。

需要指出的是，了解社交类型并不会阻碍你去了解对方言行的真实目的，相反，只有掌握了对方的社交类型，你才能过滤掉一些无用信息的干扰，你才能更客观地理解对方，而不会为对方的一句话而郁郁寡欢。

## 掌握社交类型，让彼此的关系更进一步

你和领导之间不能互相理解是很正常的，有时候，就算是恋人或夫妻之间也会产生"为什么不懂我"的感慨。当对方怎么也不能说出共情的话语时，当你恳切地想征求对方意见而对方只是暧昧回应时，如果此时你能知晓对方属于哪种社交类型，你就不会感到窘迫和难受了。

尽管改变一个人的风格非常困难，但是如果你能有相当程度的理解，还是可以做到让彼此的关系更进一步的。

13

# 是自己让交流变得困难

## 职场沟通只是一种工具

现实生活中，很多人都有沟通难题，实际上并没有那么难。只要你能够客观地看待对方，准确判断他所属的社交类型，一切交流都会变得轻松起来。当然，职场上的沟通有些特殊，很多情况下它就像我们平时用的剪刀、手机，或者办公软件那样，仅仅是为了达成目的的一种"工具"而已。很显然，这样的工具与你先天的性格、与生俱来的才能都没有太大关系，只要掌握了精髓，无论谁都可以"拿来就用"。

当你认识到职场沟通只是一种工具的时候，你就会减少很多压力，无论你处在什么样的职场环境中，都不会再被人际关系所左右了。

## 找到沟通困难的原因

我们要积极主动地尝试使用这种工具。当然，在你还没熟练掌握的情况下，沟通中产生摩擦也是不可避免的。但是没有关系，人总是从失败中学到更多。

对不擅长社交的人而言，其症结在于不知道该如何应对。只要他掌握了应对的方法，自然就不会再被社交困难所束缚了。

另外，当对方没有按照你预想的给予回应，让你非常郁闷的时候，你一定要去找原因，通常这种情况是因为对

方和你的类型不同所导致的。如果你能认清这一点，自然
也就不会感到太郁闷了。

总之，只要知道对方属于哪种社交类型，你就能更容
易理解对方言行的含义，从而能够事先预判对方会说些什
么，会有什么样的反应。


## 并不是因为天生没有能力

当然，我们不可能单纯地通过社交类型来深入了解一
个人。人类本身就是不可思议的生物，正因如此，人类才
会变得非常有趣。

然而，只要我们了解这四种社交类型，即便在交流过
程中不能完全理解对方，也能临时构筑起良好的人际关
系。如有必要，在此基础上，我们想更深入地了解对方也
是可能的。

如果现在还有人苦恼于不会沟通，那也绝不是因为他

天生能力低下。我们不要因为不擅长、做不好就否定自己，实际上，通过后天的学习和练习，我们是可以掌握要领的。假以时日，我们在社交上会变得越来越得心应手。

14

# 想取得好业绩？你了解领导的期待吗

## 领导主要以工作业绩评价下属

职场上为何需要沟通和交流？无非是为了更有效率地工作和解决问题而已。与领导沟通，我们思考的重点并非基于领导的个人好恶，而是要通过沟通，让领导所率领的团队更加高效地运转。

当然，交流过程中难免会出现各种分歧，面对这些分歧，我们需要清楚地意识到，不必出于个人好感而去修复关系，真正的目的是为了解决工作上的问题。

作为团队中的一员，你应该明白，你的领导是否喜欢你，与对你的评价完全是两码事。在商业活动中，我们没有必要为了个体的行动去构筑人际关系，说到底，我们使用沟通技能的目的还是为了能够顺利展开工作。

话虽如此，也不是说工作之外的交流就毫无意义。人不能只是拼命地工作，如果没有了休闲娱乐，内心就无法从容。在人际关系中也是如此，通过交流，彼此才能从容地面对对方。大家在休闲娱乐中构建起来的共识也会激发团队的活力和凝聚力。

不过，大家在工作之余的交流与在公司内部的评价是两码事。公司内部的评价并不是领导对下属人品的评头论足，而是对其工作能力的品评。正因如此，为了推进工作，我们需要与领导有效沟通，并且关注领导期待你做出怎样的回应。

## 学会沟通能够弥补经验不足

对于尚缺乏社会经验的职场新人来说，让他们站在领导的立场上，以全局的视角推进工作是非常困难的。所以，对这些新进职员而言，首先应该集中精力把沟通工作做好，争取尽快熟悉工作流程，融入团队。

一般而言，绝大多数员工在积累了 2~3 年的工作经验以后，才能够开始树立大局观，从领导的立场上去思考问题。也就是说，到了这个阶段，大家才会理解领导究竟是怎样运作团队的，是怎样引导下属开展工作的。也就是在这个时候，如果你能够掌握向上沟通的技巧，积极回应领导对你的期待，那么你就应该很容易干出成绩。

## 15

# 领导不是你的对立面，
# 只是与你立场不同

## 领导和下属的立场不同

如前所述，领导与下属之间的交流之所以变得困难主要还是因为二者的立场不同。

当你的领导指示你做某件事的时候，你可能会想领导为什么让我去做这种"出力不讨好"的工作？你可能会觉得很不合理。可是，站在领导的立场上，为了让整个团队朝着既定目标前进，无论对哪个下属，领导都必须下达具体的工作指示，或者把琐碎的事情交给下属，而自己去做对团队更重要的事情。

在公司的组织结构中，领导必须承担起作为领导的职责。领导和下属的立场不同，不能像下属那样去思考和行动。如果你不明白这个道理，就会觉得领导太不讲理，自己与领导合不来。

## 领导也做不到与谁都能完美沟通

既然你身处团队之中，你所做的每一项工作就必须以团队为前提。但是如果这个时候大家都站在同样的立场上，思考同等层级的问题，并采取同样的行动，那么工作就没法推进。

我们应该在纵览全局的基础上，根据团队的目标，不断调整自己的轨道，只有这样才能不断成长。另外，如果你所在的团队尚且经验不足，你就应该争取在组织中充分发挥自己的能力，争取更多机会让自己得到更好的发展。

领导从职责立场出发，和下属进行必要的沟通。当然，人无完人，无论谁都不可能掌握完美的沟通技巧。因此，我们常常会一边自省"我刚才是不是说得有点过""我是不是太好说话了"，一边推动着沟通往下进行。

## 领导不是对立面，你们只是立场不同而已

对大家来说，领导绝不是我们的对立面，与领导"死磕"对团队没有任何好处。你们只是立场不同而已，在推进工作、干出业绩方面，大家的愿景应该是共通的。与其带着负面的情绪去被动沟通，不如通过积极沟通，让彼此的关系更近一步、交流更顺畅一些，从而营造良好的工作环境。如果你能这样想，你在职场中就能更加游刃有余。

16

# 领导本来就是你的伙伴

## 领导是能够助你光彩照人的"Tony 老师"

也许有人会觉得领导好烦，如果是这样，请允许我替领导说句话。在领导的职责中，包括让团队中的每个成员都能提高业绩，也包括帮助大家不断提升个人价值，获得更快的成长。当然，全力以赴地领导团队，让下属切实地干出成绩也是领导的职责之一。同时，领导也扮演着形象打造专家"Tony 老师"的角色，给下属创造机会和条件，让他们在职业生涯中看起来更加光彩照人。

话虽如此，我们还是会对领导有诸多不满，总觉得领导很讨厌，总是针对自己。但如果你意识到这就是他的风格和职责所在，那就请你调整好心态。当然，也许你真的感觉到有些不快，你也要理解这一点：领导毕竟是领导，他们有必须担负的职责，而在这个过程中难免会有不尽如人意的地方。

## 感觉合不来，也许只是你不了解领导的社交类型

一位领导让下属觉得合不来，其原因一定是他的社交类型和大家的有所不同。比如有一位协调派风格的员工，他可能非常善于协调各方来推动工作，却不善于凸显自己的见解。对于这样的人，如果领导很强势地问"你自己的意见是什么"，他一定会支支吾吾、说不出话来；如果有

一位感觉派风格的员工，他可能会对思考派风格的领导说"总之，我们还是先做这个吧"。这时，思考派风格的领导也许会说："你说的'总之'是何意？究竟从哪里开始，要怎样推进，我希望你提供更多的支撑材料，更有逻辑地阐述出来。"

诸如此类，向上沟通中的误解往往是因为上下级的社交类型不同所致。如果大家能够认识到自己和领导的社交类型不同，认识到下属和领导的立场与作用也不同，那么你的坏情绪也会得到一定程度的缓解。

## 否定领导对你没有任何好处

领导之所以是这种类型的人，是因为他坐在领导的位置上。如果大家能够这样考虑问题，并尊重对方，职场上的"糟心事"就会少很多。向上沟通顺利，彼此心情愉快，事情就更好办。

　　职场中，上下级之间难免有摩擦，但因此而对领导心生厌恶，否定领导的话，那受到最大影响的只会是你自己，这种偏见会让你带着消极情绪上班、影响你的业绩。与其如此，我们不如转换思路，将这种沟通上的鸿沟仅看作社交类型上的不同。毕竟职场也是一个系统，需要合作和协调，摆正位置才能减轻压力，更好地开展工作。

## 演好你自己的角色，不必较真

　　一说到为了迎合领导而改变自己，也许就会有人觉得不能展现真实的自我会很痛苦。但是，职场沟通归根结底是为了把工作做好。为了达到这一目的，上下级彼此真诚以待、互相理解，但这并不意味着必须加深彼此的感情，成为无话不说的挚友。

　　如果在职场中一边展现真实的自我，一边费力地交流，有时候反而会让工作进展不下去，让人际关系变得一团糟。营造良好的职场氛围，是为了让员工更积极地工作，但工作的目的却不是为了营造一团和气的氛围。所以，在职场上，就算团队成员都是好朋友，也并不意味着一定能取得好的业绩。

## 职场上的交流是为了取得更好的业绩

当你把真实的自己展现出来，和职场上的各种人打交道时，一旦因为工作上的事情被对方指责，你就会感到很受伤害，觉得不仅是工作，连自己也被否定了。但实际上，很多时候对方并没有这样的意思，是你太敏感了。我希望大家能够清楚职场上的交流和日常生活中的交流有很大不同。也许无论是谁内心都希望对方能够更深入地了解自己和肯定自己，但是职场有职场的规矩，要想让别人认可你，你就拿出业绩来，这才是最高效的途径。

公司不是学校，也不是培训班，而是需要创造业绩的地方。因此，当你处在这个位置上，你就会被大家要求做出相匹配的贡献。

## 演好在团队中的角色就可以了

大家要想被公司认可，学会沟通是必要前提，并且学会把沟通作为推进工作的工具也是非常重要的。请注意，职场沟通的目的不是为了让对方透彻地了解你、完全地认可你，而是单纯地从技术层面来进行一项工作而已。在公司中，我们没必要对沟通的功能做深入思考，它存在的最重要意义就是让领导发挥领导应有的作用，让员工发挥员工应有的作用。因此，大家要做的就是放下包袱，大胆地去演好你在团队中的角色。

第 **2** 章

# 四种社交类型的领导

天生不同，领导也一样

行动派领导

行动力：★★★★★

思考力：★★★

创新力：★★

亲和力：★

感觉派领导

行动力：★★★

思考力：★★

创新力：★★★★★

亲和力：★★★★

协调派领导

行动力：★ ★ ★

思考力：★ ★ ★

创新力：★ ★ ★

亲和力：★ ★ ★ ★ ★

思考派领导

行动力：★ ★ ★

思考力：★ ★ ★ ★ ★

创新力：★ ★ ★

亲和力：★ ★ ★

**17**

# 确认社交类型是关键

## 社交类型测试

第1章介绍了根据思维方式、决策方式、判断方式以及情感方式等，可以把人们分为四种社交类型。如果知道对方属于哪种社交类型，即便是感觉不太好相处的领导或前辈，你也能够与其顺利沟通。并且在与对方沟通的过程中，你也能够明确对方希望你做出什么样的反应，只要配合就可以了。长此以往，你在交流上应该会感到越来越轻松。

本章将对领导的各种社交类型进行更详细的阐述。我们先了解一下社交类型的分类方法（只要确认符合的项目就能知道对方属于哪种社交类型）。我们可以试着观察身边的领导和前辈，确认他们属于哪种社交类型。

除了观察别人以外，我们还要向内看。如果确认了自己的社交类型，就能客观地把握容易采取的沟通方式，在重要场合也能很好地把控沟通进程。

## 了解你的领导：社交类型测试

### 行动派

○ 用肯定的语气说话

○ 表情严肃

○ 一旦被否定就容易生气

○ 急于求得结论

○ 喜欢抱着膀子

○ 文风较硬

○✓ 语速快，别人很难插嘴

○ 喜欢端着架子

○ 树敌多

○ 很少说感谢和安慰的话

**思考派**

○ 重视数据和事实

○ 喜欢深思熟虑后再回答

○ 行事按部就班

○ 喜怒不形于色

○ 容易钻牛角尖

○ 撰写邮件时会列出大量背景说明和理由

○✓ 平时少言寡语，但谈到擅长的领域话题时很活跃

○ 常常独处

○ 擅长做日常性工作，工作勤奋，是组织里的"拼命三郎"

○ 做事果敢，能合理地思考问题

**感觉派**

○ 喜欢热闹的氛围

○ 说话口齿清楚，有节奏感

○ 非常健谈

○ 积极、乐观

○ 肢体动作大方、自然

○ 被否定时会感到沮丧，失去干劲

○ 讨厌沉默

○ 富于煽动性

○ 喜欢与人共事

○ 不喜欢严肃的气氛


**协调派**

○ 语气舒缓、平和

○ 关注对方的情绪和现场的气氛

○ 乐于助人

○ 少有主见和主动行为

○ 难以拒绝别人的请求

○ 在意别人的感受

✓ 不爱吐露真心话，慎重发表意见

○ 容易同意别人的意见，容易随波逐流

○ 善于倾听，善于共情

## 判断他的社交类型

在进行社交类型测试时，也许有人会在不同类型中都会勾选，而且选项的数量大体相同，这样似乎无法明确判断此人属于哪种类型。尽管如此，我们还是可以通过他不自觉的偏好进行综合判断。因为根据社交类型的不同，人总是会在情感、思维、行为等方面表现出各自不同的倾向。如果我们能够仔细观察对方在言行上的特点，还是能够把握对方的社交类型的。总体而言，四种社交类型会呈现以下心理特征。

- 行动派：情感表现度低，思维表现度高

- 思考派：情感表现度低，思维表现度高

- 感觉派：情感表现度高，思维表现度高

- 协调派：情感表现度高，思维表现度低

接下来，我将对四种社交类型进行详细的解说，希望大家能够灵活运用社交类型理论，提高自己的沟通能力。

## 18

# 你的领导是行动派吗

行动派领导关键词：**固执·缺少耐心·控制欲**

## 当机立断是行动派领导的风格

行动派天生就具有很强的领导气质，做事当机立断，属于"自己的事情自己决定"的类型。工作上即使得不到别人的认可，也不会有任何畏惧，会坚定地朝着自己的目标推进。

具体而言，行动派领导有如下特征。

## 喜欢指示或命令等单方面的交流

因为行动派领导有很强的控制欲，所以与人交流时多给出单方面的指示或命令，并不善于聆听对方的意见。如果对方说话语意不明，或者吞吞吐吐给不出结论，行动派领导有时就会打断对方的话。他们对优柔寡断的人表现出的不耐烦的样子常常会给你一种"可怕"的印象。

## 即使和他人发生冲突也要明确表达自己的意见

当自己的意见与对方的意见不一致时，行动派会毫不犹豫地清楚地说出自己的意见，有时也会因此和他人发生冲突。尽管如此，还是有很多行动派会如此行事，因为他们有着强烈的上升欲望和达成欲望的意志，所以往往也会做出成绩、快速成长为领导。

## 工作就是工作

对于专注于工作的行动派而言，尤其在职场上，他们不太擅长处理与下属之间的关系。即便你抱着想与之产生共鸣的心情去找他商量，因为他不解风情，反而让你感到受冷待。另外，如果不能给工作带来实实在在的促进作用，即便是公司的聚会，他也不喜欢参加。

## 行动派是能够推进工作的人，非常可靠，值得信赖

读到这里，也许你会想到一些令你感到不快的人。但是如果这些人确实能够帮你解决棘手的问题，或者能够断然拒绝对自己的公司和团队毫无益处的工作，抑或在你感到迷茫的时候能够迅速告诉你最优方案，那么他们就是值得信赖的人。

这样的人在新员工中不太常见，但在有一定经验积累，并担任某个领导职务的群体中，属于这种社交类型的却大有人在。

## 只谈结论和要点的对话

面对讨厌闲聊、讨厌别人说话吞吞吐吐，讨厌毫无结论的对话的行动派而言，我们最好把结论放在前面，直截了当地与其交谈。

### • 先围绕"想知道什么"开始提问

如果你要提问，建议你先围绕"想知道什么"开始提问。假如你从问题的整个经过说起，比如你说"今天在做这项工作的时候发生了……的事情，于是我找某某商量，他是这样说的……"等，就很可能会让行动派感到焦躁。这就是为什么让你先围绕"想知道什么"开始提问，领导只要回答这个问题就行了，不要说冗长的话。总之，请先把目的性和结论性的东西传达给对方。

### • 想听对方意见的时候，提问要直接

想听行动派意见的时候，如果先说"我是这么想的"，然后就开始长篇大论，是万万不行的。从提问开始就应该直接问"是"或"否"，或者"A"或"B"哪个更好。

如果行动派问道："你是怎么想的？"请把你的意见总结成简短的结论，直截了当地告诉他。

## 不要吹捧，简单的感谢就很有效

因为行动派并不擅长吹捧人，所以在沟通过程中你也没有必要通过语言来抬高对方。如果想让氛围稍微好一点，我们可以在听取意见的时候，适时发出"真不愧是您

啊，我完全没有想到"之类的话来回应。

因为行动派对自己的领导能力充满自信，所以在感谢的话语中加入"您真的帮了大忙""谢谢您的指导"等充满敬意的话会让他心情大好。

## 做好多次提交方案的准备

如果向行动派领导提交方案，恐怕一次很难通过，需要做好至少提交 2~3 次的准备。因为行动派领导不喜欢由他人来做决定，要是能够让领导按照自己的方式来抉择的话，方案就很容易通过了。

当然，在提出方案的时候，我们的开场白也不能从理由和背景说明开始，还是要以"A 或 B 到底哪个好"为切入点，开门见山地说出自己的主张。

# 19

## 你了解思考派领导吗

思考派领导关键词：**谨慎·注重细节·"数据控"**

### 重视收集信息，摸着石头过河的谨慎派

思考派领导的行事风格就是无论把计划做得多么周详，在事前的准备工作上都不会有半点怠慢。他们非常重视自己专业领域内的工作，哪怕对于微小的细节都要确保万无一失。因为总是秉持着细致入微的工作态度，所以思考派领导绝不会轻信那些毫无根据的言论，而且想好了就

会立即实施。

思考派领导通常具有以下特征。

### · 愿意花时间慎重地推进工作

在没有根据或是信息很少的状况下，思考派很难做出判断，所以，当必须做出抉择或者要着手新项目时，思考派领导就像摸着石头过河那样，会愿意花更多的时间谨慎地推进。他们不喜欢敷衍了事，做事讲求内在逻辑，重视整合性。

### · 会上扮演听众，收集信息

在会议上，思考派领导与其陈述自己的意见，更愿意做一个倾听者，从他人的发言中获取信息，并加以分析和利用。在聚会等工作之外的场合也一样，比起积极的交流，他们更愿意关注周围人的发言，从中收集一些有趣、有用的信息。

不过，在涉及自己专业的领域或被征求专业性意见的时候，他们会一反常态，滔滔不绝地陈述自己的主张。

## 不会察言观色，我行我素

思考派领导非常重视每一项决策落地推动的情况，比起需要团队合作才能完成的工作，他更倾向于挑战专人负责的项目。为此，他要经常参与需要相关专业技术的研究工作。

在与团队成员一起工作的时候，思考派领导也不会被周围的琐事所烦扰，即使被催促也要踏踏实实地完成应该先要完成的任务，稳定地推进自己的工作。因此，他们常常会被认为是不在乎周围气氛、我行我素的人。

## 保守而神秘

保守的人多是感情表达上比较弱的人，他们很少吐露自己的真实想法。因此常常被周围人认为是神秘又很难相处的人。

## 言行有理有据，重点突出

鉴于思考派领导的特点，我们在向其提交提案或报告时，注重细节是关键。重点应注意以下几点。

### • 提交可供充分分析的材料

模棱两可的根据和少之又少的信息是无法让思考派领导满意和接受的。我们最好提交可供领导充分分析的材料。提交提案的时候，请明确传达具体的目标和实施路径。另外，对于可能存在的风险隐患也要事先予以提示。

### • 倾听时不要着急

思考派领导在工作上通常习惯按照自己的节奏稳步推进，所以工作上的事情最好不要催促领导，也不要在他说话的时候频频插嘴。要保证给领导充分的调查和思考的时间，直到领导心中有数。另外，因为领导喜欢低调而不喜欢引人注目，所以工作上我们要保持谨慎的态度，不要大张旗鼓。

### • 如实、详细地回答提问

出现问题的时候，与其立刻着手解决问题，思考派领导更愿意先探明问题的本质，并收集和整理相关信息，然后去切实地解决问题。因为要跟踪事情的细枝末节，所以参与的人很可能会觉得自己"被责问"了，但其实领导本人并不是这样想的。如此刨根问底，目的并不是要追究到底是谁的责任，而是为了真正解决问题。因此，面对这样的领导，我们需要先把自己的想法放在一边，把事情的详细情况告知领导。

### • 请求思考派领导的时候要告知必要性

如果有必要对方案进行修改，不能只对领导说"请修改这里"，而要有逻辑地告知其修改的原因和必要性。思考派领导不喜欢用模糊暧昧的理由改变已经决定了的事情，所以要想改方案，无论如何你都要拿出根据来，这才是关键。

### • 向思考派领导请教方法论会更有效

思考派不擅长迎合周围人，也不擅长与他人产生共情。虽然他们看起来没有协调性，不会通融，但其实他们希望别人能够开诚布公地征询自己的意见。因此，对于能够向自己请教具有逻辑性和理论性问题（如请教他关于××的论证）的人，他会非常愉悦地接受，并热情地与之沟通。另外，当被问及"想向您学习一下推动这项工作的方法"的话题时，他也会很感兴趣。

还需要注意的是，我们在表达佩服和赞美之情的时候，不能用"真厉害"之类言之无物的表达方式，应该具体指出到底哪个地方很棒。

## 20

# 如何应对感觉派领导

感觉派领导关键词：**有创意、思维发散、活跃**

## 很会制造气氛，也有"老大"派头

感觉派喜欢做让自己开心的事，比起三思而后行，他们更喜欢一边推进一边思考。他们不太在意细节，常以"车到山前必有路"的乐观态度看待事物。他们有时也会根据现场的气氛和当时的情绪来做决策，因为有很强的成功欲，所以他们相信个人的主观能动性。同时，他们具有很强的适应能力，无论身处什么样的环境，都会满怀希望地朝着目标前行。

感觉派有如下具体特征。

## 善于营造畅所欲言的氛围

感觉派很喜欢把周围的人带动起来，营造"畅聊"的轻松氛围。无论在职场上还是日常生活中，他们都是不可替代的"气氛组成员"。

因为难以忍受沉默和沉寂的时光，所以他们常常会在会议等公开场合毫无戒备地先开口说话、发表意见，有时也让人有"聒噪"之感。

## 说话图一时之快，不考虑后果

虽说热烈的气氛会让人感到喜悦，他们也没有恶意，只是喜欢大大咧咧地说话，但有时也会因为随意承诺而变得被动。在需要观察气氛和对方脸色再做决定的场合，他们往往缺乏计划性和合理性。因为他们自身也不太在意细节，所以有时会让周围的人为他们捏一把汗。

## 很会照顾人

感觉派领导很会照顾人，会关心对方，也能够根据对方的变化做出调整，因此会得到下属的仰慕。尽管是容易相处的领导类型，但因为他们在性格上大大咧咧，所以对谨慎认真的下属来说也许多少会有一些压力。

## 兴致勃勃地参加聚会

对于聚会等休闲活动，感觉派会兴致勃勃地参加，有时甚至亲自"攒局"。虽然感觉派领导不喜欢在休闲场合谈论工作上的话题（他们害怕引起争论，担心影响气氛），但面对向他们传递想法，或者愿意和他们坦诚沟通的下属，他也会被打动。

## 一起行动，相互支援，拒绝否定

要想跟上感觉派领导的步伐，立刻付诸行动是关键所在。对此，请大家注意以下几点。

### • 一起行动，相互支援

感觉派不喜欢只停留在想法程度的讨论，他们认为即使是关于细节的讨论，也解决不了问题，因此，首先还是要行动起来。如果等你整合好理论依据和逻辑后再去行动，可能会错失良机，你就会被领导认为是一个做事磨蹭的人。

在一些必须快速推进的工作过程中，如果身边有一个能够提供帮助的人，那么这个人一定是感觉派。他把工作视为自己的责任，并会持续推进下去。与这样的人共事，会让你感到很安心。

### • 采取自由问答形式

对感觉派而言，比起只能回答"是"或"否"等受限性较大的提问，他们更愿意回答自由的、能让人产生无限创意的提问。但也要注意，如果提问没有一定的标准、前提条件和优先顺序的话，那就会导致漫无边际地发散性思考，而不能真正解决问题。

### • 通过他人，迂回地指出问题

感觉派领导喜欢掌控事物，喜欢被人拜托，其反面就是讨厌被批评和被无视。由于他们很在意别人对自己的评价，所以喜欢大包大揽、享受"八面玲珑"的感觉。也由于这个原因，他们有时会把应承下来的工作一股脑儿都塞给下属，让下属措手不及。对于这种情况，作为下属，还是要试着迂回地指出问题所在。

比如，你可以向与他们关系较好的其他领导传递这类信息，通过这位领导"并不刻意"地将"下属有点担心"的信息再传达给你的领导，这样处理的话效果会很好。

### • 当着很多人的面赞扬他

感觉派喜欢被赞扬，即使没有具体的内容，如果能点出他的名字，就像"××经理真是帮了大忙"那样赞扬的话，他也会非常高兴。

感觉派喜欢与人结交，他们在意别人，也希望别人能够了解自己。所以，在沟通的过程中"说出名字"是很重要的一个环节。另外，感觉派也特别喜欢在众人面前得到赞扬。

### • 提出建议而不是否定

如果想否定感觉派领导的意见，一定要注意策略，因为强硬的否定会让他感到受挫，所以，请以"也许这样做更好吧"这样的建议方式向他委婉地表达意见。

**21**

# 怎样与协调派领导相处

协调派领导关键词：**倾听·尊重·态度暧昧**

## 他人优先于自己，临危不乱

协调派属于善于观察，并能根据他人对自己的期待而做出相应调整的类型。他们善于察言观色、在乎他人的感受，见人有难，必须施以援手。

协调派的具体特征如下。

### • 不能拒绝别人的请求

重视人际关系，又不想惹是生非的协调派很难拒绝他人的请求。与八面玲珑的人不同，他们只是无法拒绝而已。面对他人的请求，他们会不自觉地说没问题，然后为此忙得不可开交。

### • 善于倾听，容易与对方产生共鸣

即使是接受别人的咨询，协调派也很少会把自己的意见强加于人。他们善于倾听，容易与人产生共鸣。

如果你只是想倾诉，或者想发些牢骚，找协调派沟通会让你迅速缓解压力。但是，协调派貌似总能认同他人的想法，与人亲近，但其实他对谁都是这样的态度。由于这个缘故，协调派往往会在不知不觉中卷入复杂的人际关系。

### • 比起自己的主张，更看重别人的意见

协调派在会议上虽然不太发表自己的意见，但也并不是什么都不想做，而是秉持着让其他人发挥应有作用的想

法。因为属于附和他人、给予他人支援的类型，所以协调派不太喜欢主动沟通。

### • 行动的理由是"大家都这样做了"

协调派讨厌孤独，在意他人的评价，"大家都这样做了"最容易成为他们行动的理由。

岂止对于聚会这种小事他们无法拒绝别人的邀请，就算没有特别的理由，仅仅因为"大家都去了"，就能成为自己必须参加的理由。尽管在大家看来，他们就像新人那样只是做一些给大家传菜、递杯子那样细微的事情而已。

### • 不接受"差评"

协调派领导工作很认真，所以难以接受别人不好的评价。但由于自身不是能够处理重大事件的领导类型，所以他们在大型组织和风险企业里担任管理职务的可能性相对小。不过，在餐饮等服务行业担任店长和大区经理等一线领导职务的却大有人在。

就社交类型而言，在年轻人当中，有很多人会随着经验的积累和不断地历练，转向其他风格。

## 认可对方的存在，缩短彼此的距离

协调派有想做的事情也不说出来，他身上貌似隐藏着很多"小秘密"。如果他看起来有点焦虑不安，或者有什么想说又没有说的话，我们可以试着问问他。即便大家聊的是漫无边际的话题，但是如果你能倾听，他就会对你充满好感。

引导他说出真心话，与对方产生共鸣、达成共识，这才是和协调派成为朋友的秘诀。

## 避免妄下断言

由于协调派不擅长使用强硬的语气或高压态度，所以当你和协调派沟通时，不妄下断言，营造便于交流的氛围就显得非常重要。交流的时候也不要忘记保持友善的态度。

## 常说"多亏了你啊"

由于协调派总是充当配角，所以他习惯了高度评价别人，时常会感到自己缺乏存在感。因此，如果我们能够适当地表达感激，对他说"多亏了你，帮了我大忙了"或"那件事情让你费心了"这样的话，他会非常开心。

## 要提交有明确步骤的方案

向协调派领导提交方案，一般情况下都是比较容易通过的。比起自己的想法，协调派领导更看重的是按照什么样的步骤去推行。因此，提交方案的同时，如果也能清楚地设定好处理的步骤，那就会更容易获得批准。

如果你希望变更方案，你绝不能对领导说出"这样做不行啊"之类否定的话，而应该像面对感觉派领导那样，委婉地说："如果那样做会更好。"

## 做决策的时候也要把他人的意见考虑在内

在必须要求领导做出决策的情况下，不要强求意见，而是应该以一边说出其他人的看法，一边表现出持保留意见的态度来向领导征求意见。

## 注意赞扬也要有度

引导对方说出真心话，或者多次称赞对方让他有存在感，是和协调派领导拉近距离的好办法。但要注意不要做过头了，因为容易让协调派领导过分依赖认可自己的人，毕竟离得越近，越容易被拜托和委以重任。为了帮助领导能够按照上级领导的想法推动工作，我们在沟通过程中，也要引导领导自己去思考。

**22**

# 5 分钟判断出对方的社交类型

## 提一个问题就能快速了解对方的社交类型

想了解一个人的社交类型并不难。通常，只要和对方交谈 5 分钟就可以知道他的社交类型。下面，我把一些基本的技巧告诉大家。

例如，在商业洽谈中，如果与对方是初次见面，你可以试探着询问这次会面多长时间合适，然后看他的反应，根据他给出的时间限度就可以大体推测出他是哪种类型的人。

如果是行动派，因为他比较讨厌喋喋不休，所以只会把最低限度的时间用在交流上，通常给出的时间限度为半个小时以内。

如果对方稍微思考了一下，然后给出"一个小时"或者"到下午三点"等比较精准的时间，大体就可以判断出对方属于思考派。

如果对方是感觉派，他就会一边和你聊着天，一边很爽快地说："你不用介意，谈多久都可以。"

协调派会习惯性地对你说："这个嘛……看你的时间吧。"

大体而言，希望越早结束谈话越好的属于行动派；明确设定必要时间的是思考派；只要聊得开心，时间上无所谓的是感觉派；看对方的时间而定的是协调派。像这样，通过询问谈话的时间就可以判断出对方是哪种社交类型了。

## 可以试着说一些与工作无关的话题

在沟通过程中，我们要是说一些容易理解的又与工作无关的话题（如天气、娱乐等），四种社交类型的人会有不同的反应。

- 行动派：因为不喜欢说与工作无关的话，所以行动派不会跟进这一话题，只会敷衍一声"是啊"就戛然而止了。

- 思考派：对于不感兴趣的话题，即使不马上拒绝，也会很想结束。但是，如果是感兴趣的话题，他也会继续聊下去。

- 感觉派：会兴致勃勃地聊起来。

- 协调派：虽然会跟着聊，但与其说是兴致勃勃，不如说是配合说话人，做一个聆听者。

现代社会，交流越来越网络化，人们会经常使用电子邮件联络。因此，上面这种判断方法也适用于线上沟通。

比如，"今年真是酷暑难当啊，您身体还好吧？""前几天的台风真是猛烈啊！"建议你可以通过这些话题去试探对方的反应，从而帮助我们判断他的社交类型。

- 行动派：基本上会无视你的邮件。
- 思考派：会简洁地回复你，多少让人感觉有些冷淡。
- 感觉派：会兴致勃勃地给你回信。
- 协调派：会以"我还好，你近况如何？"或"多谢你的关心"等反倒关心起对方的话语来回复。

像这样，如果能通过一些小技巧快速判断出对方属于哪种社交类型，我们就可以选择最合适的沟通方式了，这在初次见面时显得非常重要，恰到好处地沟通能给对方留下很好的印象。

**23**

# 从"口头禅"看出领导类型

## 从"口头禅"也能看出他的社交类型

试着听听对方爱说的"口头禅"也是判断对方属于哪种社交类型的好办法。

在某种程度上，不同社交类型的人都有一些独特的表述习惯。下面我试着举一些例子供大家参考。

- 行动派的口头禅："然后呢""结论呢""还没有吗"

如前文所言，行动派不喜欢冗长的说明和没有结论的话题，他们通常只说些必要限度内的话，同时也希望对方能够如此。

- 思考派的口头禅："理论上说""根据是什么""根据数据分析""大致可以分成以下几类"

由于思考派属于刨根问底和偏好理论的类型，所以在平常说话时会使用很多逻辑性语词。特别是在说明某个问题的时候，往往倾向于使用数据来予以补充证明。

- 感觉派的口头禅："啊、嘿""加油啊""好有意思""我也是哦"

感觉派语速较快，言语中会不时蹦出一些拟声词或者充满感情色彩的词，而且有将话题快速转到自己身上的倾向。

- 协调派的口头禅："大家呢""我会努力的""我觉得很好""我没有意见""加油"

协调派喜欢征求周围人的意见，在乎对方的感受。对于对方的判断和要求，他们大多时候会给予顺从的回应。

## 24

# 线上也能识别领导类型

## 从电子邮件中洞察领导类型

电子邮件和视频通话等线上交流成为现代职场沟通的主流方式。当然，面对面交流更容易了解对方，但是通过线上的交流方式在某种程度上也能看清对方的社交类型。

举一个用电子邮件沟通的例子，大家会有如下感受。

- 行动派：只写必要的信息，至于寒暄问候之类的话几乎直接省略掉。邮件内容很短，能够让人马上明白。

- 思考派：会在邮件中添加必要的数据说明等资料，有时还会将一条条列好的相关依据和步骤一同发送过来。

- 感觉派：从寒暄用语开始就有某种亲切感，他们会问："你最近过得还好吧？"而且邮件内容因为夹杂一些题外话，通常会显得有点长。

- 协调派：从一开始就会写很多问候和客气的话，邮件内容比行动派和思考派的都要长一些。

## 通过视频电话来判断社交类型

对方打视频电话和你聊天的时候，你可以通过他的表情变化和发言的频度来做判断。

- 行动派：从开始就不太想参与诸如"今天真冷啊""谁好像还没有来"之类的闲聊，只在必要的时候或者被要求发表看法的时候才会说话。

- 思考派：和行动派类似，不太愿意参与开始的寒暄话题，只在必要的时候才说出自己掌握的有关信息。另外，为了搜集其他有效信息，他们有时也会保持聆听的姿态。

- 感觉派：为了活跃气氛而经常插科打诨，或者对别人的发言做出很大的反应，比如，"这么说来，我也是那样"或"我也是那样想的"等，他们多会积极表达自己的感受和想法。

- 协调派：即使在视频通话中，也会弱化自己的存在感。只有对方开口，自己才会说话，其他时候多是充当表情严肃、情绪稳定的聆听者。

如上所述，在各种情境下，我们都能在一定程度上判断出对方的社交类型。因此，请大家一定要有意识地去观察。先了解领导的风格，再据此考量自己的言行，这将对向上沟通有很大帮助。

## 四种社交类型线上交流的特征

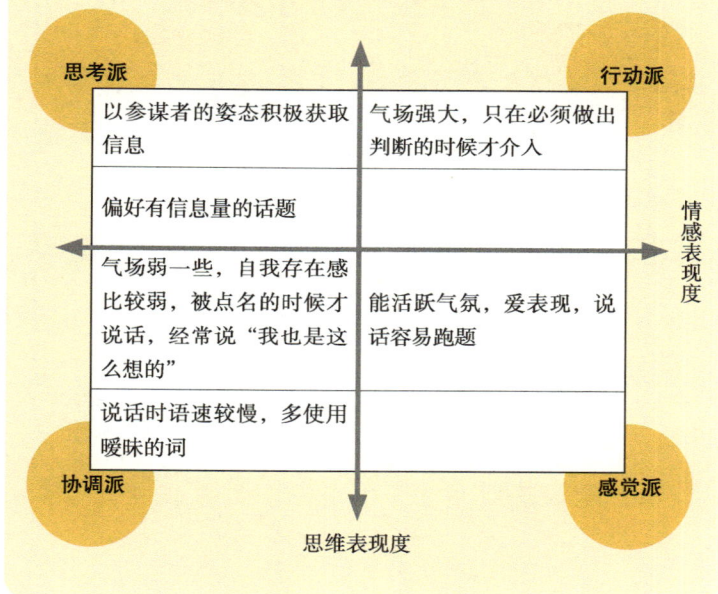

**思考派**

| | |
|---|---|
| 以参谋者的姿态积极获取信息 | 气场强大，只在必须做出判断的时候才介入 |
| 偏好有信息量的话题 | |
| 气场弱一些，自我存在感比较弱，被点名的时候才说话，经常说"我也是这么想的" | 能活跃气氛，爱表现，说话容易跑题 |
| 说话时语速较慢，多使用暧昧的词 | |

**行动派**

**情感表现度**

**协调派**

**感觉派**

**思维表现度**

# 第 **3** 章

## 16 种向上沟通模式

当这样的你遇见那样的领导

# 出场人物

行动派员工 ▶▶

行动力：★★★★★

思考力：★★★

创新力：★★

亲和力：★★

感觉派员工 ▶▶

行动力：★★★

思考力：★★

创新力：★★★★★

亲和力：★★★

协调派员工

行动力：★★

思考力：★★

创新力：★★

亲和力：★★★★★

思考派员工

行动力：★★★

思考力：★★★★★

创新力：★★★

亲和力：★★

# 25

# 你的类型 × 领导的类型→向上沟通

## 先要确认自己的社交类型

关于领导的四种社交类型，想必大家多少已经有所了解了。可你了解自己吗？你属于哪种社交类型？当"这样的"你遇见"那样的"领导又会碰撞出怎样的"火花"呢？本章在社交类型理论的基础上，推导出 16 种向上沟通模型，可以满足各种风格的员工的需求。

让你感到不太好沟通的领导，通常都是在社交类型上与你不太合的领导。可以这样认为，即使你和领导相处得不是很愉快，那也不是因为你的能力或性格出了问题，只是因为你们的社交类型不同而已。认识到这一点后，向上沟通中的所有难题都能"有解"。

向上沟通的目的始终是为了更加顺利地推动工作，而不是和领导搞好关系。我们要处理好人际关系，避免产生不必要的摩擦。与领导好好说话、愉快相处，最终受益更多的是我们自己。

了解自己才能更好地应对沟通。下面，我将和大家一起深入内心，去检视自己的社交类型。这项自我诊断将有助于我们更加准确地做出判断，请大家试着做一下。

### 了解"真正的自己"：社交类型的自我诊断

**行动派**

O 无法接受一件事不能由自己决定

O 与优柔寡断的人共事会变得焦躁不安

O 被人指手画脚会很生气

○ 比普通人更愿意参与竞争

○ 不管对方怎么想，对于必要的事情还是要告诉他

○ 集体行动时，讨厌被指使

○ 对于决定了的事情，轻易不会改变，会执着地执行下去

✓ 给周围人一种难以接近的"压迫感"

○ 一旦开始，不管有多困难，都不会轻言放弃

○ 无论是撰写电子邮件还是"面对面"地谈话，都不喜欢长篇大论

○ 做报告时，总能够直接说出结论

○ 与人交谈时，讨厌暧昧的表述，喜欢使用判定式的表达方式

○ 自己的想法被否定，有时会变得很生气

○ 自认为判断力比别人的更强

○ 认为无论工作多么努力，如果拿不出成绩就没有意义

**思考派**

○ 不依赖直觉，靠付出时间和努力得出结论

○ 即使千头万绪，也会埋头于一件事情，做事有条
不紊

○ 即使对方是自己信赖的人，也要亲自去确认他说
的话

○ 撰写电子邮件时，会花时间进行详细说明

○ 喜怒不形于色，让人捉摸不透

◐ 偏好数据分析，喜欢查清楚各项工作

○ 即使牺牲速度，也要保证精度

○ 会花费时间系统地学习一项技能

○ 讨厌合作，喜欢一个人集中精力去做事

○ 只要有数据支撑，就能做出比别人更合理、更正
确的判断

○ 平常很安静，但说到自己热衷的话题时，又会变
得滔滔不绝

○ 不会被对方的立场和状况所左右，总能排除干扰
做出正确的判断

○ 被问及不清楚的事时，不会立即回答，一番调查

后才会回复

**感觉派**

○ 不管有多忙，只要有人求自己帮忙，就立刻充满

干劲

○ 经常担任领导者或活跃气氛的角色

○ 认为自己的言行会给周围人带来活力和勇气

○ 做事不计后果，多根据当时的气氛采取行动

✓ 觉得自己是一个十足的乐天派

○ 如果看到机会，就不会考虑风险，而要一往无前

○ 即使明知是"恭维"和"奉承"的话，也感觉很

受用

○ 觉得自己比别人运气好

○ 为了活跃气氛，不知不觉就会把话说得很"满"

○ 自己的想法如果被否定，情绪就会很低落

○ 总是主动寻找话题，然后向对方倾诉

○ 被多数人认为说话很风趣

○ 常常因为说得太起劲而超过预定的时间

**协调派**

○ 比起自己当主角，更喜欢支持别人当主角

○ 如果气氛不好，再想说的话也会咽回去

○ 不太擅长引起大家的关注

○ 在团队行动中，更希望别人来做决定

○ 做事时更喜欢遵照别人的指示

○ 很多时候会在意别人对自己的看法

○ 比起坚持自己的意见，觉得配合他人才更像自己

○ 比起自己取得成绩，他人的感谢更能让自己开心

○ 被人拜托时，即使事情会很棘手，也要做出回应

○ 多被人认为是谨慎又温柔的人

○ 即使遇到不讲理的人，也多选择忍让

○ 不会口若悬河，更善于倾听

○ 被别人感谢会让自己有很大的成就感

○ 只要看到别人有困难，就要出手帮忙，不会视而
  不见

○ 不会"大嘴"到处炫耀，低调、埋头苦干更符合自己的性格

## 社交类型上与领导的匹配度

首先，请大家根据所选内容确认自己的社交类型（可以把第二多的选项类型作为参考）。然后，请将自己与对方的社交类型进行组合，据此探究如何更容易与不同的人建立人际关系。请务必试着确认一下自己与领导在社交类型上的匹配度。

行动派

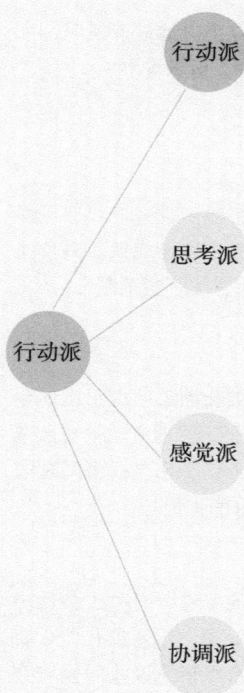

你们都是最讨厌被人指使的人；如果你一味地坚持自己的意见，对方就会很抗拒，所以要有意识地给对方留面子

思考派

重视细致说明和论据的思考派可能会因为听不到结论而"抓狂"，你可以通过发送邮件和资料的方式来缓解对方的焦虑

行动派

感觉派

喜欢听好话的感觉派对于能够得到吝啬夸奖人的行动派的夸奖会很受用。所以说些"太棒了"的话来表扬他们，会收到很好的效果

协调派

对于行事稳重的协调派，你要注意说话的表情和态度不要过分严肃，也别忘记说些感谢和安慰的话

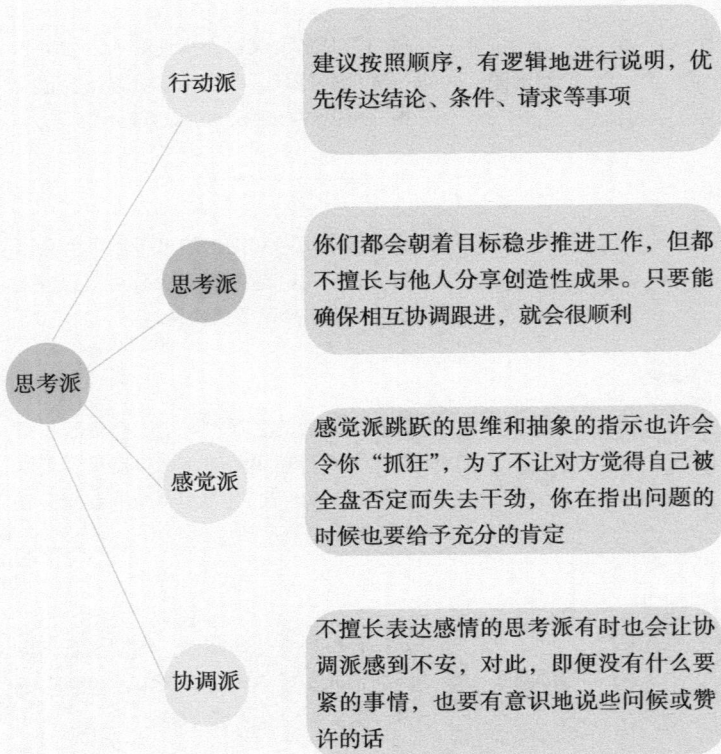

行动派　建议按照顺序，有逻辑地进行说明，优先传达结论、条件、请求等事项

思考派　你们都会朝着目标稳步推进工作，但都不擅长与他人分享创造性成果。只要能确保相互协调跟进，就会很顺利

感觉派　感觉派跳跃的思维和抽象的指示也许会令你"抓狂"，为了不让对方觉得自己被全盘否定而失去干劲，你在指出问题的时候也要给予充分的肯定

协调派　不擅长表达感情的思考派有时也会让协调派感到不安，对此，即便没有什么要紧的事情，也要有意识地说些问候或赞许的话

思考派

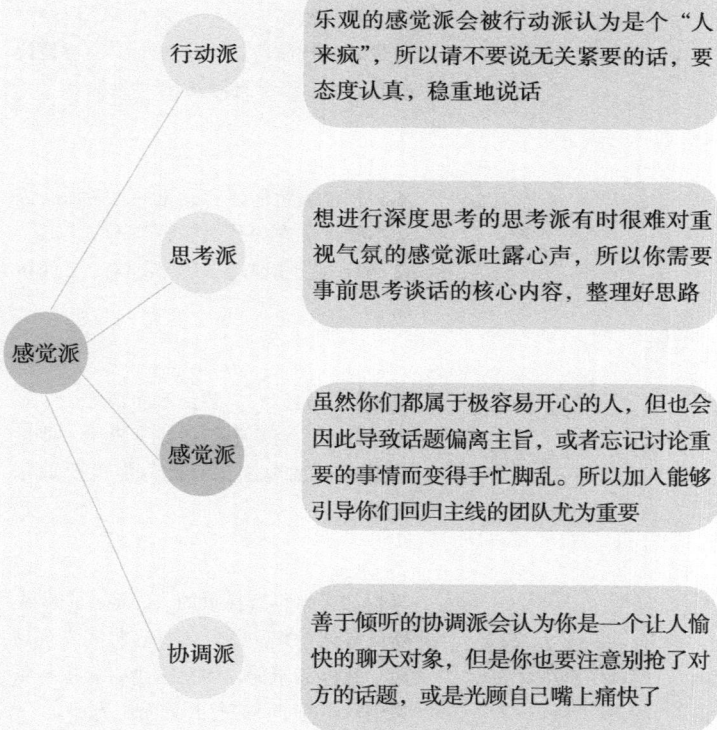

行动派

乐观的感觉派会被行动派认为是个"人来疯",所以请不要说无关紧要的话,要态度认真,稳重地说话

思考派

想进行深度思考的思考派有时很难对重视气氛的感觉派吐露心声,所以你需要事前思考谈话的核心内容,整理好思路

感觉派

感觉派

虽然你们都属于极容易开心的人,但也会因此导致话题偏离主旨,或者忘记讨论重要的事情而变得手忙脚乱。所以加入能够引导你们回归主线的团队尤为重要

协调派

善于倾听的协调派会认为你是一个让人愉快的聊天对象,但是你也要注意别抢了对方的话题,或是光顾自己嘴上痛快了

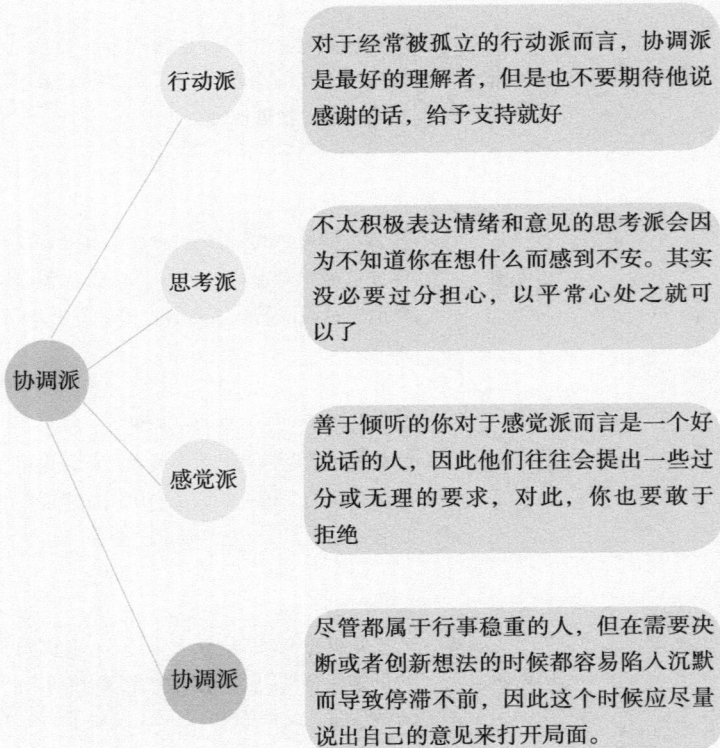

行动派

对于经常被孤立的行动派而言，协调派是最好的理解者，但是也不要期待他说感谢的话，给予支持就好

思考派

不太积极表达情绪和意见的思考派会因为不知道你在想什么而感到不安。其实没必要过分担心，以平常心处之就可以了

协调派

感觉派

善于倾听的你对于感觉派而言是一个好说话的人，因此他们往往会提出一些过分或无理的要求，对此，你也要敢于拒绝

协调派

尽管都属于行事稳重的人，但在需要决断或者创新想法的时候都容易陷入沉默而导致停滞不前，因此这个时候应尽量说出自己的意见来打开局面。

**VS** **?** **26**

# 行动派的你 VS 四种类型的领导：
# 尊重·共情·肯定·关注

## 当行动派的你遇见行动派领导：如何提高你在行动派领导心中的地位

行动派属于当机立断、讨厌别人指手画脚的类型。因此，行动派相互之间常常会因为固执己见而导致发生冲突和矛盾。

即便面对领导，也能毫不畏惧地表达自己的观点——这是行动派的你的一个优点，但往往因为意见相左，反而被领导误解，认为你是"傲慢的人"或"固执的家伙"。

因此，行动派的你要想与行动派领导进行良好的沟通，关键是要摆出尊重他人意见的姿态。在推进工作的同时，如果你能记得给别人留面子，做事留余地，就能得到领导的高度评价。

本来行动派领导对行动派下属的评价就很高，如果还能够让领导觉得你识大体，减少了不必要的冲突的话，那你在领导心目中的地位就会有很大提升，甚至可能被提拔或被委任重要的工程项目。总之，这样做会大大拓宽你的发展空间。

▶▶ vs ••

## 当行动派的你遇见思考派领导：数据是与思考派领导建立联结的关键

思考派偏好通过数据分析和背景资料来理解和推进工

作。对行动派的你而言，即便对方是思考派领导，你也可以按照自己的习惯，先抛出结论性观点。但是对思考派领导而言，如果缺少了"为什么要这样做"的依据，就很难推进工作。如果你操之过急，想尽快推进工作，也许会被领导认为是"只会意气用事的人"。

行动派的你要想和思考派领导融洽地共事，就要善于利用数据、资料等来辅助沟通。这样不仅能充分传达对方希望传达的东西，也不会影响你给出结论性观点，彼此能够在相对轻松的状态下交流。另外，如果有机会能够促膝长谈，就更能相互理解，推动关系的深入。

**▶▶ VS ▲▲**

## 当行动派的你遇见感觉派领导：偶尔的表扬对感觉派领导也很有效

行动派的你不擅长说无关紧要的话，更不擅长表扬别人。但是，感觉派却属于需要别人表扬才能干得更好的类型。面对这种情形，平时不太表扬别人的你如果对感觉派领导说了肯定和赞美的话，效果就会很明显。

要想让充满行动力的感觉派更有工作干劲，最好的办法就是对他们说些积极的话。表扬的话不具体也没有关系，只说"很棒""太好了"这样简短的话，就可以让他们更加支持你的工作。

▶▶ vs ◼◼

## 当行动派的你遇见协调派领导：比起语言，协调派领导更关注表情

在行动派的你看来，善于倾听周围人的意见，谨慎地处理每一项工作的协调派领导不是一个当机立断的人。相反，在协调派领导看来，自我主张强烈、喜欢速战速决的你会是一个让他感觉不太舒服、想要敬而远之的人。尽管

彼此之间可能不会发生实质上的冲突，但是领导在内心对你敬而远之会影响你的工作进度，让你在职场上得不到支持，无法施展拳脚。

对于协调派领导而言，笑容、沉稳的神情以及关心的口吻都是非常有必要的。另外，经常说"您辛苦啦""总是劳烦您"之类的话也会收到意想不到的效果。

# 27

**●● VS ?**

## 思考派的你 VS 四种类型的领导：
## 简洁·协作·具象·情感

**●● VS ▬**

### 当思考派的你遇上行动派领导：要把你
### 的结论和诉求放在优先位置

　　行动派领导在与下属沟通时，总是会把结论和要求放在首位。与此不同，思考派的你会把事物按照顺序进行详细说明，先列出论据和背景，再按逻辑顺序导出结论。可是，如果你这样做的话，会让行动派领导感觉"话题冗长""太啰唆",有时在无形之中就会让他们感到压力。

所以,与行动派领导打交道,你最好还是尽量把你的结论和诉求放在优先位置,并简短地表达出来,这样会让沟通变得更顺畅。如果想展示相关数据和背景材料,你可以事先准备好,在汇报完结论之后递交给领导审阅,这也不失为一个好的方法。

## 当思考派的你遇见思考派领导:与思考派领导成为稳步迈向目标的伙伴

思考派会朝着目标有条不紊地推进工作。思考派和思考派共事,需要各自收集相关信息,分工协作,齐头并进,他们会在工作上成为很好的伙伴。

但是,对于那些需要一定创造性思维的工作,或者必须与他人合作才能推进的工作,思考派却并不是很擅长。

如果不能打破这个局面，工作很有可能就无法推进。在这种情况下，需要具备一种意识：要积极加入其他社交类型的团队，尽量为自己营造一个具有创造性的崭新的工作环境。

## 😑 VS 😠

## 当思考派的你遇见感觉派领导：对感觉派领导提出批评要谨慎

当思考派的下属使用抽象的语言说明问题时，感觉派领导会产生"那我到底该怎么做"的迷茫感，甚至有时会对你产生抵触情绪。

但是，恰恰是某种抵触或否定的情绪就会导致你的工作无法顺利进行下去。如果你因此否定和指摘领导的话，所带来的负面作用将会导致你的工作停滞不前。

在面对感觉派领导时，你要把一些抽象的想法和建议转换成可供分析的具体内容，并且对于领导的一些好的想法要简洁地给予肯定和赞扬，这样会使沟通变得很顺利。

## 当思考派的你遇见协调派领导：寒暄很重要

在善于听取周围人的想法、重视协调性的协调派领导看来，偏好逻辑性又处事淡然，较少表达情感和主张的思考派简直就是"谜一样的存在"。因为不知道他到底在想什么，协调派领导常常会感到不安。

虽然有逻辑性的思考很重要，但面对协调派领导，请你还是尽量展现出"人情味"的一面。不仅限于平常的打招呼，即使没有什么事也要说几句慰问的话，哪怕只是几句闲聊，也会让对方感到安心。

**28**

★★ **VS** ?

# 感觉派的你 VS 四种类型的领导：
# 态度·节奏·细节·平衡

★★ vs ▬

## 当感觉派的你遇见行动派领导：传达认真的态度很重要

对于行动派领导而言，总说些无关紧要的话以及不能直截了当地传达信息的人都是能力不强的人。积极又好说话的感觉派的你有时会让行动派领导觉得你光会耍嘴皮子。尽管你很重视与他人的友好关系，但对行动派领导而言，那却不是重要的事情，在他看来，同事之间接触的目的只是为了更有利地推动工作。你要尽力避免说些看似没用的、冗长的话，你要认真且直接传达重要的信息，这样你才能赢得行动派领导的信赖。

## 当感觉派的你遇见思考派领导：要事前共享话题

思考派领导习惯于依据各种信息进行思考和分析。可是，感觉派的你却并不擅长保持沉默，总是想到什么就说什么。对思考派领导而言，如果在归纳和总结之前就急于推进，就会打乱自己的节奏。

也许你会觉得不知道那个人在想什么，但这样的结果也是因为你没有给对方说话的余地。有效的沟通并不是单方面的，而是需要交互进行的。为了能够和思考派领导保持良好的沟通，让对方说出自己的想法，事前就把话题内容传达给对方是关键。如果能给予思考派更充分的思考时间，沟通就会事半功倍。

## ★★ VS ◢◣

## 当感觉派的你遇见感觉派领导：意气相投固然好，但也要相互促进

同为积极乐观的感觉派在一起行动时，会让彼此构筑起紧密的伙伴关系。对感觉派领导而言，感觉派的你就是能给自己提升士气的那种人。你也会觉得感觉派领导是自己积极前行的动力之一。

但是也要看到，同为感觉派的两个人共事，有时会"跑题"，一些创意、想法和行动会过于跳跃，这就导致两个人都会忘记重要的细节，脚踏实地地朝着目标前进有时会变得困难。

针对这种情况，有效的方法就是你要么找到注重细节的人给予支持，要么融入能够提醒你"又跑题了"的团队。

## 当感觉派的你遇见协调派领导：注意不要把他当成你的陪衬

协调派领导善于聆听，容易与人产生共鸣。因此，对感觉派的你而言，常会感到自己是被领导理解的，领导很在乎自己。遇到工作上的不满和烦恼时，协调派领导很适合作为倾诉的对象。

但是，因为协调派善于聆听而不善于表达，所以轮到自己说话的时候总是会一边慢慢思考一边输出。这样的节奏很容易被感觉派打乱，导致协调派无法说出自己的意见。

为了得到协调派领导的支持，你要有意识地避免抢领导的话，也不要光顾着自己说话，而要给领导留有表达的空间，这样会让领导感觉与你沟通很放松。

# 29

**协调派的你 VS 四种类型的领导：**
**支持·淡定·表达·主张**

### 当协调派的你遇见行动派领导：永远不要期待行动派领导对你说温柔的话

总是以命令的口吻说话、注重效率的行动派领导对于慢条斯理的协调派的你而言，也许有点可怕，甚至于你会过度担心如果跟领导说话，可能会招致他的"不爽"。

但实际上，行动派对谁都是这副样子，他们更关注结果和效率，而并不是讨厌你，或者对你严苛。相反，对于因总是皱着眉头而导致被孤立的行动派而言，没有排斥意识的协调派恰恰可以成为自己的支持者。

行动派领导很少说慰劳和感谢的话，你不要对其有过多期待，你只要在细微的地方给予支持，他就会对你有好感。

😊 vs 😑

## 当协调派的你遇见思考派领导：自然相处即可

协调派的你总能敏锐地感知对方在想什么、想做什么，并能据此采取协调行动。可是，不太爱积极表达情绪和意见的思考派领导总会让你感到不安。

但是，思考派领导对你"冷淡"，并不是因为不想让你深入了解他，仅仅是因为想一个人深入地思考问题而已。他们绝不会以感情作为判断事物的依据。因此，身为协调派的你完全没有必要过度担心，只要记住一点，不要害怕，自然地与其相处就好。

😄 vs 🔶

## 当协调派的你遇见感觉派领导：要有勇气拒绝

因为协调派的你善于倾听，所以对感觉派领导而言，你是最佳的倾诉对象，是很容易被安排工作的人。由于你很少会让感觉派领导感到不快，所以他会视你为理解他的人、他的左膀右臂。

但是，为了在工作上能够建立良好的关系，你有必要注意这一点：如果过度屈从对方，会导致对方毫不考虑你的状况而提出过高的要求。鉴于此，有时你要对领导明确表达自己的意见，对于过高的要求要拿出说"不"的勇气。即使你这样做了，也不会影响感觉派领导对你的评价，因为平常你们就已经建立了良好的关系。

## 当协调派的你遇见协调派领导：有时也要提出自己的主张

如果双方都是协调派，相互之间应该会很融洽，能够稳步地推进工作。即便团队中有如行动派和感觉派那样有强烈自我主张的人，整个团队成员之间也能互通有无，维持良好的关系。但协调派在涉及做决定或者拿主意的事情上，却又都不太擅长。因此，在只靠协调派来推进工作的情况下，由于两人都会照顾彼此的感受，很可能导致工作陷于停滞。因此，身为协调派的你即便没有任何行动，也要适时向同为协调派的领导表达自己的意见，或者提醒他"要不要这样做"。

## 30

# 永远不要让领导去适应你

## 仅因为和领导的社交类型不同就辞职，那太可惜了

调查数据显示，入职没多久就选择辞职的一个重要原因就是"与领导合不来"。对于这种现象，我们仔细审视就会发现，在职场中，顶头上司和新员工的社交类型几乎都不一样。实际上，只要再经过几年的职场历练，在接触更多的领导和优秀同行的过程中，你应该就会遇到符合自

己价值观和社交类型的人。但遗憾的是，很多人在意识到这一点之前就辞职了。

这种凭感觉辞职的行为不仅对器重你的组织不利，对自己的职业发展来说也是一种损失。在没有做出任何改变之前就认定这样的领导不适合自己，并以此作为"裸辞"或跳槽的冠冕堂皇的理由，实在是有些说不过去。

## 灵活运用社交类型理论可以降低离职率

在重视社交类型理论的公司里，会安排行动派的老员工为行动派的新员工当师傅，或者安排同样风格的员工与其协同工作，这样一来，公司就会在很大程度上降低新员工的离职率。

但是，未必所有公司都会这样做。刚进公司就因为与主管领导合不来而心情郁闷的应该大有人在吧。

要想摆脱这样的窘境，我建议大家学一学职场上的社交类型理论。如果能让以前不好相处的领导在言行上对你有所改观，你也会变得轻松一些。

## 寻找社交风格相同的优秀同行

当你在工作之余，有了闲暇的时间，请环顾一下公司内外，看看别的部门的领导、前辈或者客户那边的领导，你应该会找到与自己社交类型相同的人。如果找到这样的人，就试着和他聊一聊。

在同一个组织或行业中，也许有比你工作经验丰富，又与你有同样社交类型的人，或许你能从他那里得到诸如"你可以试着这样做""这样做或许更好"等建设性意见。

31

# 总有一天你会适应任何类型的领导

## 虽说和同一类型的人交往会很轻松

对大家而言，首先要解决的是如何与身边难以相处的领导和前辈好好沟通。为了达到这个目的，希望大家能够熟练地使用社交类型理论。但现实中要想熟练掌握技巧，就要尝试和各种社交类型的人接触，并掌握不同的应对技巧。

物以类聚，人以群分，相同风格的人在一起会变得很轻松，这也是人之常情。试想一下，哪怕是初次见面，如果得知对方的家乡、学校，还有兴趣爱好都与自己的相同，那自然会有亲近之感。总之，我们与同一类人容易变得亲密。因为这个缘故，一个人在组织里待的时间越长，就越容易与风格相同的人交往。

## 没有不同类型的成员，团队也无法运转

从长远来看，如果大家只和相同风格的人共事，那么就很难成长为组织中的精英。的确，在某个项目刚刚启动的阶段，或者在团队、组织创业的初期，风格相同的人更能够推动项目和事业的发展。成员之间因为意气相投，大家会一起高喊"就是这样！加油干吧"，朝着一个目标方向而努力。

可是，过了这个初始阶段，当组织进入稳定时期之后，就会出现各种问题。比如，若团队中都是行动派或感

觉派，因为他们本身就不太注重细节，所以就可能导致重大错误接连发生。当然，协调派共事貌似也很不错，但是后期往往会因为优柔寡断而导致错过很多重要的机会。遗憾的是，很多公司就是因为这个原因而早早倒闭了。如果能够邀请不同类型的人加入团队，或许就会有不一样的结果。

## 善于借助别人的力量

如果你的目标是快速成长以及在组织中做出成绩，那你就要学会与各种类型的人好好相处，学会借助这些人的力量——他们中的许多人都拥有你所没有的性格优势。从这个意义上说，与自己社交类型不同的人绝对不是敌人。对于相信未来可期的各位而言，今后你们也有可能成为相互合作的伙伴。当然，这是一个循序渐进的过程，所以大家首先要重视与身边不同的人的交流。相信总有一天，大家会拥有与任何类型的人都能和谐相处的能力。

# 第 4 章

# 9 种向上沟通的场景

和领导沟通，你有没有遇到过这种情境

**32**

# 磨炼沟通技巧，得到想要的结果

## 磨炼意志，让周围的人按照自己的想法行动

关于社交类型，想必大家已经有了一定的了解。知道领导属于哪种类型，在向上沟通中，你也就清楚该选择怎样的言行比较合适了。

作为一名职场人士，如果想取得业绩，得到成长，磨炼自己的沟通技巧非常重要。如果你有与任何人都聊得来的本事，你就能得到更多人的支持。

　　**不把人际关系弄糟，又善于知人善任的人是能够用自己的想法去影响别人的。**如果拥有能够与任何类型的人"配合"的能力，那么无论在工作上做出业绩，还是在职场上获得高评价，都会变得容易实现了。

　　我曾反复强调，所谓的沟通说到底是一种技能。就沟通能力而言并不存在因个性差异而导致的高低之分，练习方法上的差异才是你会不会沟通的根本原因。学得越多，你的人生的宽度就越大，就越会充满无限可能。

## 不要自责，要着眼于事情本身

　　一般而言，职场上偏向协调派社交类型的人居多。特别是在没有任何领导经验的新职员中，这类人占了绝大多数。

　　协调派在发现问题后，会倾向于内省。与职场上的行动派在发生问题时去审视事情本身不同，协调派会归咎于是自己的想法和行动才导致出错。其实，我们身边这样的人挺多的，一旦事情变得不顺利，他们就会对别人无心的话非常敏感，觉得同事和领导都在责怪自己。

但是，如果你了解社交类型理论，你就会理解"他的社交类型就是这样的"，而把目光转向事情本身，减少因与人发生矛盾而产生的压力，更会摒弃"怪自己"的想法。

## 学习各种方法，提高沟通力

了解社交类型理论只是提高沟通能力的一个手段。我们还可以学习阿德勒心理学、脑科学等各种理论。只要不断地提高学习能力，就一定能磨炼出高超的沟通能力。所以，请大家务必尝试挑战自己。

在本书的最后一章，我们将运用社交类型理论来探讨具体情境下的向上沟通技巧问题。

面对职场上各种不同的场合，具体该如何灵活运用社交类型理论，促成向上沟通呢？我将选择几个比较常见的场景介绍给大家。

# 33

**场景 1**

## 提交方案：

### 面对不同类型的领导怎样提交你的方案

## 类型不同，提升好感度的方法也不同

在向领导提交报告和计划的场合中，根据领导的类型不同，提升好感度的方法也不同，让我们来具体分析一下。

### ①面对行动派领导

面对认为最重要的是结论的行动派领导，如果开场白过长，或者阐述内容与结论脱离，那就很难通过。而最让其讨厌的是把"该怎么办"作为问题抛给了别人。如果没有明确表示自己的见解和解决方案，会让领导非常"抓狂"。

因此，在提交给行动派领导的文件资料中，一定要从结论开始写，并注意添加"因为这样，所以应该如此"等有逻辑性的内容。如何尽可能简洁地把问题说清楚是决定方案能否通过的关键。切记不要长篇大论，逐条列出要点让领导一目了然就可以了。越早提出结论性内容，领导就越会认为你能干，对你的好感自然就提高了。

> ⊃ **要点**
> - 不要长篇大论，尽量把内容控制在一页纸的范围内
> - 先写结论，再阐述推导过程
> - 重视可行性和效率

## ②面对思考派领导

面对思考派领导，拿出有说服力的数据来证明结论，是提升好感度的关键。对数据分析得越详细，领导就越会觉得你能力强。所以，工作中我们要尽量试着使用图表来展示自己的论证过程。

但需要注意的是，由于提交的资料中涉及很多细节内容，所以事前一定要对数据、材料等反复确认，一旦出现疏漏就适得其反了。在此基础上，自己一定要先充分理解

这些数据，千万不要让领导觉得你自己都没弄懂就草率地提出来了。

> **⊃ 要点**
>
> · 先阐述目的和结论
>
> · 用翔实的数据充分支撑结论
>
> · 注意细节，核对数据的准确性

### ③面对感觉派领导

面对在某些方面与行动派风格类似的感觉派领导，同样需要尽早提出简单易懂的结论性内容。例如，以"因为是这样考虑的，所以得出这样的结论"做简洁的归纳即可。

不过，由于感觉派领导属于重视感情输出的类型，所以即使在报告中加入自己的感想也没有关系。如在关于未来目标方面，加入"我想获得更大的进步""我想从这个项目中学到更多本领"等内容也是非常好的。

另外，由于感觉派领导喜欢被人依赖，如果向他传达想向他学习的崇拜之情，就会产生亲近感，领导也会乐意帮助你。

倘若你提交了一份分析过于细致而结论不明确的报告，就会让感觉派领导产生"篇幅那么长，却什么也没有表达清楚"的感觉。请大家一定要注意这一点。

> ➲ **要点**
>
> - 先说结论，总结要简短
> - 加入能表达积极情感的话
> - 重视效率

### ④面对协调派领导

对于在意他人情绪的协调派领导，如果你提交的报告中只有简单的结论和论据内容，会让领导私下犯嘀咕:"是不是对我有什么不满?是不是怕麻烦才写得那么潦草?"

因此,报告的内容应尽量详细且易懂。如果能充分展示为了得出这个结论而需要怎样的过程,这份报告就会让领导感到更加踏实。

另外,建议加入"辛苦您了"等充满感激的话,这样就更能拉近彼此的距离,领导对你也会有很好的印象。

> ⊃ **要点**
> - 详细阐释目的以及得出结论的过程
> - 适当加入个人感想
> - 简单易懂

**34**

场景 2

## 撰写邮件：

根据领导类型撰写邮件的方法

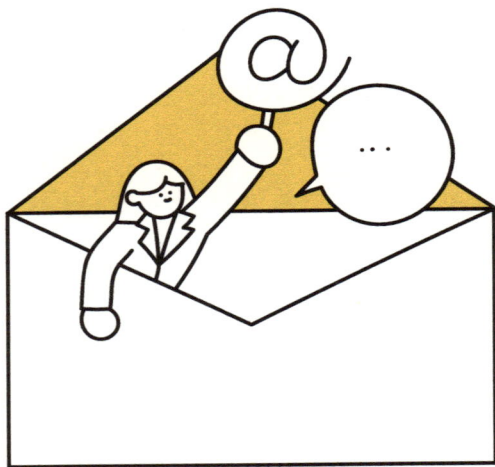

## 清晰传达：什么时候、要做什么

和前文所说的提交报告类似，下面我想讲一下如何通过发邮件的方式向领导汇报工作。

无论面对什么类型的领导，汇报工作的一个原则就是准确地向他传达：什么时候、要做什么。因为你在邮件中汇报给领导的所有内容都与你接下来的行动密切相关，为了让领导清楚你接下来的工作思路，请务必注意你的措辞。

下面，针对不同类型的领导，建议大家使用不同的文案模板。

### ①面对行动派领导

重点是先写结论，然后进行归纳总结，力求简单、明了。如有重要事项需要汇报，务必"置顶"，摆在最明显的位置。请去掉一切与情感相关的表述，力求"快刀斩乱麻",标题也要一目了然。

另外,如果有请求领导帮助解决的事项,请务必写明包含时间期限、要点等在内的让人一下子就能明白的信息。在这种情况下,一定要选择简单明了的文案模板。

> **⇒ 模板**
>
> **邮件名:请确认订单(明日中午前)**
>
> ××经理:
>
> 您辛苦了。
>
> 今天我和××公司进行了商谈,暂定下月5日,给他们提供5套共计5万日元的货品。
>
> 请您在明天中午之前确认附件中的订单信息。
>
> 请您多指教。

## ②面对思考派领导

把结论写得更详细，尽可能给出具体的数字，并附上相关资料，这是提高领导对你的好感度的关键。因为思考派领导属于知道的信息越多就越觉得稳妥的类型，所以，如果能够附上有参考价值的网址链接的话就更好了。

另外，如要提交需要领导确认的文件，提交之前一定要仔细地确认是否有错误和疏漏的地方。

⊃ **模板**

**邮件名：请您确认与 ×× 公司的商谈报告和订单**

×× 经理：

您辛苦了。

今天我和 ×× 公司进行了商谈，暂定下月 5 日，给他们提供 5 套共计 5 万日元的货品。由于这些货品下月要在 ×× 公司展出，所以必须在下月 5 日之前交付。有关展示的材料我已附在报告里了。我还附加了商品的详细订单，希望您在明天中午之前确认。

另外，为了不耽误发货，我会在下周周中将发货单先发给 × × 公司。

请您多指教。

### ③面对感觉派领导

要点明确，内容简短为好。但如果能在开头写一行寒暄问候的话则会有亲近之感。另外，加入一些诸如表达感情的如"麻烦您了"或"百忙之中打扰了"这样的话，会给领导留下很好的印象。

由于感觉派领导容易忘事，所以，涉及日期的内容，请务必用不同字体加以强调。

> **⊃ 模板**
>
> **邮件名：请确认订单（明日中午前）**
>
> ×× 经理：
>
> 您辛苦了。
>
> 今天天气很冷，外出请多注意保暖。
>
> 今天我和 ×× 公司进行了商谈，暂定下月 5 日，给他们提供 5 套共计 5 万日元的货品。如能得到您的同意，我就安心了。

## ④面对协调派领导

加入向对方表示感谢的话是关键，要在如何让整个内容看起来正式和规范上多下功夫，标题也不能简单生硬。

由于协调派的一个重要特点就是比起个性和创意，更重视协调性，所以，如果能在邮件中加入"请您多指导""请您多提宝贵意见"这样的话，展现诚恳地听取别人意见的姿态，那就会提升领导对你的好感度。

## ⊃ 模板

**邮件名：××公司的订单望您确认（明日中午前）**

××经理：

您辛苦了。

今天我和××公司进行了商谈，暂定下月5日，给他们提供5套共计5万日元的货品。我能谈下这笔订单，多亏了您的关照和指点，非常感谢。

我会把订单附上，百忙之中多有打扰，望您在明天中午之前确认。

另外，为了不耽误交货的时间，我下周内还要预先向××公司订货。我会为下一笔订单继续努力，如还能得到您的指导，我将不胜荣幸，请多多指教。

35

场景 3

# 当面汇报：
## 根据领导类型提问的方法

## 对事物的判断方法不同

向领导提问的时候，我们必须注意哪些事项呢？关键要先明白一点：社交类型不同的人对事物的判断方法也不同。在注意到这一点的同时，试着选择合适的措辞。请大家一边想象自己身处的情景，一边阅读下面的内容。

### ①面对行动派领导

请在领导给你的有限时间内，尽量简明扼要地提出自己想问的问题。因为多数情况下会被领导反问"你是怎么想的"，所以，你最好事先准备好简短的回答。

重要的一点是，由于行动派领导喜欢当机立断，所以你完全没必要做冗长的分析，也没必要抒发情感。

另外还需要注意的是，如果自己还没有任何想法就直接去询问领导，很可能会被领导的一句"想好了再来"给"怼"回去。

你要把决策权交给领导，但同时也要有自己的见解，不过注意不要长篇大论。

> **⊃ 例**
>
> 你：领导，我有一个问题，您现在有时间吗？
>
> 领导：好啊，简短点。
>
> 你：明天我想把 A 方案提交给 × × 公司，您意下如何？
>
> 领导：为什么选择 A 方案？
>
> 你：从价格方面考虑，A 方案更容易通过。
>
> 领导：哦，那就这样做吧。
>
> 你：好的，谢谢领导支持。

## ② 面对思考派领导

如前文所述，思考派领导会在对翔实的数据进行分析的基础上慎重地做出判断。因此，在向领导提问之前，一个重要的技巧就是要事先充分准备好相关的文件、数据材料，并展示给领导看。即便没有时间制作 PPT，你也要在回答上表现出对相关数据非常熟悉的样子。如果有自己的考量，更需要很好地展示你的依据所在。总之，在提问上要做好充分的准备。

> **⊃ 例**
>
> 你：领导，我有一个问题，您现在有时间吗？
>
> 领导：请讲。
>
> 你：明天我要把方案提交给 ×× 公司，现在有 A 和 B 两个备选方案。选 A 方案的话，价格上有优势，容易通过。选 B 方案的话，效率上有优势。因为该公司比较注重控制成本，综合考虑后，我认为 A 方案比较合适。
>
> 领导：有相关的资料吗？

你：有的。我试着将价格和效率进行了数据
　　上的对比，又对该公司历年来所采用的
　　方案进行了整理分析。您看看这些材料。

领导：的确，这样看起来，还是 A 方案比
　　　较好。

你：是的，那就选用 A 方案了。谢谢领导。

## ③面对感觉派领导

感觉派领导喜欢被人依赖，喜欢凭直觉给出答案。为了防止疏漏，向其提问的时候，你有必要提供一些简短的依据，或者为了让其能够稍微深入地思考，有必要再进一步说明一下。但要注意的是，考虑到说着说着可能会跑题，所以说得太多反而会适得其反。

另外，在对话中如果你能加入一些表达积极性情感的词语，会提升对方对你的好感度。

## ➲ 例

你：领导，我有一个问题想请教您，您现在有时间吗？

领导：什么问题？请说。

你：明天我们要把方案提交给××公司，我想请您看一下提交哪个方案好。有两个方案，选A方案的话，价格上有优势，更容易通过。

领导：那样的话，选A方案不就可以了吗？

你：可是选B方案的话，效率上有优势，但该公司又比较注重控制成本。如果您能点拨我一下，那就太感谢您了。

领导：嗯，这家公司的确是这样。那我们就选A方案！

你：好的，谢谢领导，我一定全力以赴！

## ④面对协调派领导

协调派领导不擅长自己做决断，而需要根据周围人的意见做判断。因此，为了尽快得到领导的答复，在提问的时候，你要把自己和别人是怎么考虑的这类信息清楚地传达给领导，甚至适当地引导领导说出你希望听到的答案。

不过，当你想得到领导真实的想法时，你就不要对领导说"大家都这么说"，以防干扰领导的判断。考虑到领导不擅长直接给出明确的答案，所以你有必要对领导说"让我们一起商量一下"这样的话。

⊃ **例**

你：领导，我有一个问题想请教您，您现在
方便吗？

领导：嗯，可以的。

你：明天我们要把方案提交给××公司，
但是我不知道提交哪个方案好……价格
方面容易通过的是 A 方案，效率方面
容易通过的是 B 方案。因为该公司现在
比较注重削减成本，我觉得 A 方案比较
好，但需要和您再商量一下，可以吗？

领导：嗯……

你：××组长认为 B 方案不错，但是 ××
组长还有其他一些同事都说 A 方案
可行。

领导：如果是那样的话，也许选择 A 方案比
较好。

你：好的，既然您这样说，那就选 A 方案
吧。您真是帮了大忙了啊，非常感谢
领导！

36

场景 4

# PPT 展示：

## 根据领导类型做报告的方法

## 这样准备材料，适合所有类型的领导

在做报告的时候，首先要准备好相关材料。实际上，在制作材料时，即使没有意识到社交类型的问题也没有关系。因为，我们通常要在很多领导面前汇报展示，同一份材料会被不同社交类型的领导审阅，所以也没有必要做出四份材料。基于这一点，下面我想介绍一下适合所有社交类型的材料制作方法，推荐使用以下基本结构。

- 做报告的目的
- 结论
- 基于……的理由
- 能够进一步支持该理由的信息

像这样完成材料的制作后，你需要掌握能够应对各种类型领导的展示方法。

# 围绕关键领导展示方案

在需要正式展示并进行口头说明的场合下，你要有围绕关键领导展示方案的意识。如果向众多人进行说明，就需要按顺序从资料的开头说明，但实际上这样做的效果并不好。如果想在展示（演讲）大会上脱颖而出，围绕关键人物进行说明是非常重要的。

如果不知道哪位是关键人物，那就请使用适合行动派领导的说明方法。因为，通常起决定性作用、担任主要领导职务的多是行动派。

## ①面对行动派领导

对于行动派领导，你只要在结论中加入"三个关键点"，并进行必要的说明就可以了。之所以是三个关键点，是因为如果只有一个，结论就会显得很单薄；两个的话容易被对比来看；而三个的话就能保持平衡。综合来看，还是简单地总结为三点比较讨巧。

展示完结论要点之后，如果还有些时间，你也可以向领导展示一些具体的材料，再结束整个展示。

> **➲ PPT 展示顺序**
>
> 1. 先展示目的和结论是铁则
>
> 2. 要在结论中凸显三个关键点

## ②面对思考派领导

需要在综合各种信息的基础上做出判断的思考派，对于你的展示，他很想知道的是"结论是怎么得出来的""基于什么样的原因提出的建议"等内容。因此，我们要在展示材料中补充相关数据，并对其进行具体的说明，在归纳总结中也可以加一句"根据这些数据，我认为这个结论是最好的"。如果这样去做，就会给领导留下好印象。

⟳ **PPT 展示顺序**

1. 目的和结论

2. 得出结论的过程

3. 作为依据的相关数据说明

## ③面对感觉派领导

向感觉派领导阐述意见，"激情"是关键词。你与其对结论性观点进行理论性的说明，不如用"这是团队智慧的结晶""这是在某某的提示下，大家努力探索的结果"等充满激情的话对制作方案的过程进行说明。

即使支持结论的数据很少，因为你展示出来了干劲和热情，领导也可能会通过你的方案。

⟳ **PPT 展示顺序**

1. 目的和结论

2. 在得出结论的过程中，大家是如何想的、
如何努力的

## ④面对协调派领导

因为协调派领导非常重视大家的意见，所以，在展示中需要加入大家齐心协力的过程，并事先说明大家应该都赞成，这样你的方案就容易被领导采用。

例如，汇报中如果有"事前征询了 50 多个同事的意见，有 47 个同事认为很好""这个方案对团队里的所有人都有好处"等数据和依据的话，那就非常棒了。

## ⊃ PPT 展示顺序

1. 目的和结论

2. 在得出结论的过程中，大家是如何想的、
如何努力的

3. 表明"多数人赞同""对大家都有利"等

场景 5

# 线上沟通：

## 你会给领导发微信吗

# 简短的对话也要下功夫

近年来，有很多企业采用线上办公模式，职员和领导使用聊天工具在线上沟通并开展业务工作。

与发送电子邮件不同，用简短的话传达基本信息是线上沟通的重要特征。即便是线上沟通，也要根据对方的社交类型采取合适的沟通方法。下面，我以需要领导紧急确认事项的情境为例进行以下说明。

## ①面对行动派领导

请向行动派领导发送一目了然的信息要点。由于领导没有时间，也不想翻来覆去地确认要做的事项，所以，你发送的信息一定要让领导读完后可以马上答复"同意"或"不同意"。

因此，向行动派领导发送的信息至少在内容上要做到简练，即使言辞朴素，没有任何修饰也没有关系。需要注意的是，如果夹杂"辛苦您了"等一些琐碎信息，领导很可能会不耐烦地说"把重要的信息一次性发给我"。

> ⮕ **模板**
>
> 　你：领导，明天的会议定在下午 3 点，在 A
> 　　　会议室开，可以吗？
>
> 　领导：可以。
>
> 　你：知道了。请您多关照。

### ②面对思考派领导

我建议先发送要了解的事情，然后发送理由、比较方案等信息。信息发送后，请领导自行定夺。

对于思考派领导，即使你发送的信息文字量比较多，如果内容涉及一些作为依据的信息或有参考价值的资讯，也是没有关系的。因为思考派领导的想法就是"比起寒暄、谈感想和表决心，我更需要看到尽可能多的数据"。

你只要客观地发送该发的信息就可以了。

> ⊃ **模板**
>
> 　　你：关于明天的会议想问一下您的意见，因
> 　　　　为 A 会议室下午 3 点以后才能预约使用，
> 　　　　所以会议时间定在下午 3 点可以吗？
> 　　你：B 会议室中午 12 点以后可以使用，但是
> 　　　　没有展板，空间也有点狭小。
> 　　领导：会议室还是宽敞一点好。那就下午 3
> 　　　　点在 A 会议室开会。
> 　　你：明白了，我会先预约好。请您多关照。

### ③面对感觉派领导

　　在向感觉派领导发送信息之前，先要做情绪铺垫，说一些问候对方的话，之后再有节奏地展开话题。你要一边慢慢地加入自己的感想，一边友好地交流。

一般而言，给领导发送表情包要慎重，但是对感觉派领导使用表情包有时会拉近彼此的距离。

## ⊃ 模板

你：您辛苦了。您还在路上吧。百忙之中打扰您了。

领导：辛苦啦，没有关系。

你：明天有个会议，下午 3 点开始可以吗？如果您时间上不方便的话，那就往后推迟一些。

领导：下午 3 点可以。是在 A 会议室吗？

你：是的，在 A 会议室。那里宽敞，便于使用哦！（表情包）

领导：没错，B 会议室又小又没有展板。会议室预约的事就拜托你了。

你：明白啦。

> 领导：（表情包）
>
> 你：（表情包）

### ④面对协调派领导

面对协调派领导，建议你在发送信息的时候，要加入关心和慰问的话。由于协调派领导不善于立即做出决定，所以有必要一边将他人的意见和状况传达给领导，一边推进话题。

由于短句很难能体现出情感，尤其对于协调派领导，会让其感到对方言语的冷漠。因此，有必要加入"我会努力的""我很高兴""太好了"等情感表达，这样可以疏解大家的紧张情绪。

**⊃ 模板**

> 你：您辛苦了。您还在路上吧。百忙之中打
> 扰您了。

领导：辛苦啦，没有关系。

你：明天有个会议，安排在下午 3 点开始可
以吗？如果您时间上不方便的话，那就
往后推迟一些。

领导：某某和某某的时间都没问题吧？

你：是的，大家都有时间。

领导：那就下午 3 点开始吧。

你：谢谢领导。地点是 A 会议室，会上我会
努力拿出一个好的方案来。

领导：大家一起努力吧！

你：百忙之中打扰您了，非常感谢！

38

场景 6

# 有效倾听：

## 伴随身体语言的倾听也是一种沟通

## 掌握倾听的技巧

为了与他人顺利地沟通，我们需要掌握倾听的技巧。

好的倾听方法是一边听对方说自己是怎么想的、怎么做的，一边加以引导。不只是语言，说话的节奏、音调、动作、表情等也能引导对方去思考，这些都是倾听的关键。

学会倾听，即便对于不好相处的领导，你也能明白他的真实想法，甚至给领导留下难得有下属能够如此认真地倾听的好印象。

## 倾听的三个阶段

在沟通过程中，倾听分为以下三个阶段。

### ①内向性倾听

一边听一边将注意力转向自身。

## ② 专注性倾听

站在对方的立场上倾听。

## ③ 全方位倾听

站在对方的立场上倾听，同时有意识地关注周围环境和对方的状况。

倾听的三个阶段的特点如下。

- 内向性倾听：因为注意力转向自身，所以在倾听对方讲话的同时，也会夹杂着"我也是这么想的""这一点我非常喜欢"等自己的想法和情感对话。

- 专注性倾听：注重在倾听过的程中，通过观察对方的措辞、语速、情绪和动作等来读取对方的心理状态。这是一种令对方感到舒服又能让你充分理解对方意思的倾听方式。

- 全方位倾听：先要像专注性倾听那样，充分了解对方的想法和心情，然后综合考虑各种因素，达到客观倾听对方话语的目的。

## 学会全方位倾听，就能提高解决问题的能力

在倾听的三个阶段中，如果能够将倾听能力水平提高到第三个阶段，就能在引出对方真实想法的同时，以更广阔的视野去思考怎么做才更好。

我们在说话的时候，通常会把自己的情感、想法以及事情的真实情况夹杂在话语之中。例如，对方说："今天有客人投诉我，真是非常麻烦啊！"在这句话中，遭到投诉就是事实信息，而麻烦无疑是情感信息。

像这样，能够倾听出事实信息和情感信息，你就能相对容易地从对方的话语中找到解决问题或推进事物发展的必要信息。也就是说，在职场中，如果能做到全方位倾

听，就能够发挥更大的潜力。站在领导的立场上看，这种能力则是一名优秀的下属必不可少的核心能力。

## 倾听也分类型

话虽如此，要想在短时间内完全掌握全方位倾听的技巧还是有难度的。因此，我们还是循序渐进，从专注性倾听开始练习吧。如何做到专注性倾听？我们要尽量站在对方的立场上倾听，引导他讲出真心话。如果能够专注于倾听领导的话，就能清楚领导需要自己做什么。

接下来，我们将探讨专注于倾听不同社交类型的领导时，需要把握的要点。

### ①面对行动派领导

对于行动派领导，让其看到你"认真倾听"的态度非常重要。视线不聚焦、游移不定是非常不可取的。你可能觉得自己在听，但领导会认为自己"说了也白说"，就草草结束对话了。尤其是行动派领导属于讨厌说多余的话的类型，你更要简洁地向其传达"我在认真听""我想这样做"的信息。

另外，在领导说话过程中，当涉及一些重要信息和关键内容的时候，你要用"的确如此""果真这样"等附和的语言回应领导。

> **⊃ 要点**
> - 聚焦对方
> - 端正姿势，身体稍向前倾
> - 对关键话题要有回应

## ②面对思考派领导

思考派领导说话时，喜欢交代自己是如何分析、如何得出结论的。也许这样的说话方式会让你感到冗长且无聊。但你要保持下属应有的姿态，尤其是领导如果有资料的话，你要一边看着资料一边倾听。

因为领导想好好阐述自己的主张，所以请你尽量不要插嘴，当然也没必要频繁附和，微微点头就可以了。在谈话过程中，如果你能展现出一边开动脑筋认真思考一边倾听的姿态，就会让领导与你的交流变得非常舒服。

> **⊃ 要点**
>
> · 一边看资料一边倾听
>
> · 尽量不要插嘴
>
> · 少附和为宜

### ③ 面对感觉派领导

面对感情丰富的感觉派领导，建议倾听者不仅要频繁地附和"好厉害""好有趣"之类的话，还要表现出吃惊或感兴趣的样子。这样一来，领导的倾诉欲会更强。

与感觉派领导对话，与其认真倾听，不如一边插话，一边助推着他的情绪，随机应变，引导话题。

当然，感觉派领导有时也会因越说越兴奋而偏离主要话题，因此你有必要时不时地插上一句"那么，关于刚才的事，您打算怎么安排"，把话题拉回来。

> **⊃ 要点**
> - 频繁地随声附和
> - 夸张一点的反应
> - 配合话题，调整表情

## ④面对协调派领导

协调派领导善于观察倾听者和周围环境，而不喜欢关注自我。他会因为你在倾听过程中姿势异常或者反应过度而不想说话。因此，你只要保持轻松的心态，静静地倾听就可以了。

不过，看着对方的眼睛，配合话题调整自己的表情也是有必要的。如果你毫无反应，就会让对方产生"我说的话题是不是很无聊""完全没有共同语言"等想法。如果这样，对方就不会吐露心声。因此，你要一边表现出相当的兴致，一边认真倾听。

> ⟳ **要点**
>
> · 反应幅度要小
>
> · 看着对方的眼睛
>
> · 配合话题，调整表情

**39**

场景 7

## 汇报推动中的工作:

### 根据领导类型使用"菠菜沟通法" ①

---

① "菠菜"是指"报联相"(两个词的日语发音相同,谐音梗)。"报"
指汇报,"联"指联络,"相"指相谈。——译者注

# 避免在"不要事事都问"和"找我商量"之间烦恼

在日常工作中，最重要就是学会使用"菠菜沟通法"，也就是学会汇报、联络和相谈，这也是我在培训新人时经常强调的一点。具体内容如下。

为了推进工作、把控全局，领导和下属共享信息（联络）是不可欠缺的环节；当出现问题，有突发情况的时候，有必要及时向领导汇报（汇报）；不得要领或者无法做出判断的时候，有必要与领导和周围的同事商量（相谈），争取尽快解决。

在使用"菠菜沟通法"推动工作时，根据领导不同的社交类型，要使用不同的技巧，请大家务必掌握。

## ①面对行动派领导

对于力求合理又快速地推进相关工作的行动派领导而

言，事无巨细地向其汇报会让他感到浪费时间。所以，诸如"今天也按照预定计划推进了"等对工作进展没有太大影响的内容就没有必要向领导汇报了。

还需要注意的是，信息共享也仅限于领导必须知道的内容，如事情取得巨大进展，或者发生了问题，导致目标偏离等。至于交流、商量，也仅限于真正需要领导做出判断的时候。

另外，在汇报工作时，首先要向领导清楚地传达你最终想要实现什么目标。汇报内容也尽量简短为好。

> ● **要点**
>
> - 汇报内容仅限于领导真正需要了解的部分
>
> - 尽量简短
>
> - 一开始就要说清最终想达到的目标

## ②面对思考派领导

思考派领导希望按照计划推进工作，因此，你应该制订明确的计划，而且要在项目准备启动之时，适时地向领导汇报。因为领导对于团队的氛围和情绪不是很感兴趣，所以我们只汇报结果和事实本身就可以了。

在项目进行的过程中，你要尽量与领导分享新的信息。在领导需要你收集必要的信息时，你只需要对领导说"请交给我来办"就可以了。

> **⊃ 要点**
>
> · 在规定的时间节点适时汇报
>
> · 充分共享收集到的信息
>
> · 积极收集必要的信息

### ③面对感觉派领导

制订周密的计划，并按照计划行事是感觉派领导最不擅长的。因为感觉派领导属于靠行动和情绪推动工作的类型，所以不需要下属详细地汇报，我们只需要在中间节点进行一次汇报就可以了。汇报的内容大致就是项目进展是否顺利等信息。

如果在推进项目的过程中遇到了一些好的机遇，或者有了一些好的思路等积极的变化，那你也要及时向领导报告。这样会调动领导的积极性，提高领导的行动力。

另外，在与其他团队竞争的时候，你及时地向领导汇报会让领导产生被依赖的感觉，从而提高领导的竞争意识。

> ⊃ **要点**
> · 无须详细地汇报

- 在中间节点进行一次汇报
- 及时进行积极方面的汇报

## ④面对协调派领导

对于协调派领导，请你注意汇报过程中的细节问题。因为协调派领导对于哪怕是一个小细节，也会常常因为不知道现在是什么情况而感到焦虑。所以，即便你报告的是一个很小的问题，也会让对方感到安心。

我们要格外注意在工作进展顺利时要及时报告。这样的沟通会提高领导对你和你的团队的信赖度，会让领导放心地把工作托付给你。

在需要和领导商量的场合，你要清楚地表达诸如"想和大家一起考虑下一步该怎么办""我们商量一下可以吗"等内容。领导会觉得这不是你一个人的判断而是大家的共识。这样一来，你就会尽可能地避免由于领导的犹豫不决而导致判断和计划的滞后。

> ➲ **要点**
>
> - 汇报时态度要诚恳
> - 要让你的汇报充满积极性
> - 要表达出你已与大家达成了共识的意思

# 40

## 线上会议：

线上会议室里，如何面对不同类型的领导

## 严守线上会议时间，积极发言是基本要求

最近很多公司都在使用软件进行线上会议和面谈。

与面对面的交流不同，只能通过视频画面看到对方的线上会议有很多需要我们格外注意的地方。

最基本的注意事项是要提前进入会议室以及体现你的存在感。如果有人迟到，已经进入会议室的人就要在屏幕前等待，特别是行动派类型的人会非常看重准时性，这会引起他们的不悦。因此，不太习惯线上操作的人应该早做准备。

另外，在有很多人参加的线上会议中，如果不发言，出席会议人员的画面上就不会有你的镜头。为了避免这种尴尬，请你适当地多发言几次。

还有，一旦你被安排主持会议，就一定要把控好时间，向与会人员传达好会议开始和结束的时间。最好一开始就告知大家"按照今天的流程，会议将在几点结束"等信息。

和领导在线上交流时，有时会有领导就在自己家里的错觉，你必须时刻紧绷神经，这样一来你的心理压力就会很大。所以，还是尽可能不要延长会议，时间一到就赶紧结束，退出会议室。

## 线上会议中，不同类型的领导

除了上述基本的注意事项外，由于参会领导的社交类型不同，线上交流还有几个需要注意的要点。下面，我简要地说明一下。

### ①面对行动派领导

行动派领导原本就讨厌会议上冗长的发言，对于线上会议同样希望避免闲聊，能够迅速结束会议，轮到他们说话的时候，也是言简意赅。因此，我们没有必要对领导的每一句话都有反应。

另外，在线上会议中，领导也不会对你的表情管理感兴趣，所以不必太在意表情，专心听着就可以了。

## ②面对思考派领导

如果会议中有需要与思考派领导特别沟通的内容，请务必一边与领导共享画面和数据一边进行说明。之后，也要准备好将相关的资料或网址发送给领导。

另外，在会议过程中，如果你对某人的发言有需要补充的内容，你可以使用线上会议的聊天功能留言，比如发送"我有一些相关资料""可以参考这个网站"等。这样做会让领导觉得你能力很强，对你的好感度也会上升。

### ③面对感觉派领导

正因为比"面对面"更难以传达情感，所以线上交流时你有必要做出超过平常的反应。由于摄像头主要是对着面部的，做出微笑、吃惊等表情就显得尤为重要。

另外，对于领导的某句话，你可以使用留言功能，发送"那个话题很有趣""我觉得太牛了"等信息，给对方留下好印象。你也可以事前使用换背景功能，用一些流行的风景画或者有趣的照片作为背景，这样也许一开始就会调动感觉派领导的情绪和表达的欲望。

### ④面对协调派领导

由于协调派领导并不属于喜欢积极发言的类型，所以对于线上会议中谁发言次数多、自我主张强烈，谁就会较长时间停留在镜头里的模式而言，协调派领导会显得没有太强的存在感。对于这种情况，你要时不时地提问"您是怎么考虑的""对此您有何意见"等，以此增加协调派领导出镜的机会。

另外，因为隔着屏幕的交流很难传达情感，所以与协调派领导交流的时候，要避免毫无表情，尽量面带笑容，给予积极回应。

# 41

场景 9

## 聚会与团建①：

### 让行为符合你的人设

## 聚会也是重要的工作之一

到目前为止，我们讲解了职场中各种场景下如何与领导沟通的方法。但是有时，我们也要有意识地和其他部门的领导交流。比如，我们在公司的聚会中就有可能遇到这种情况。

也许有很多人不怎么想参加公司的聚会。但是，对于职场人士而言，聚会其实也是重要的工作之一。

部门或者项目组举办这种聚会的一个重要目的就是便于大家相互间更好地交流。由于平常仅仅靠工作无法满足大家深度交流的需求，需要通过团建活动来增进彼此之间的亲近感，便于大家更顺利地工作，更好地激发想法。从这个意义上讲，聚会是公司不可遗漏的工作之一。我们要认识到参加聚会对我们的好处。

## 用好自己的社交类型，提高领导对你的评价

参加公司聚会时最重要的是要摆正自己的位置。可以说，你在现场的一举一动都会直接影响领导对你的评价。有的领导会通过观察你的言行来判断是否可以把重要的工作委托给你，或者你是否具备了一位领导者必备的素质。

话虽如此，你也没有必要在这样的场合勉强自己做一个能干的人，毕竟聚会的目的还是想拉近团队成员之间的距离，让大家能够更顺利地沟通。

即使你勉强维持理想的人设，也会随着沟通的深入而让自己痛苦不堪。所以，只要按照自己的社交类型去交往就可以了。例如，如果你是一个行动派，作为策划者，你就发挥自己的特长，高效地布置场地，然后到聚会该结束的时间准时结束就可以了。

如果你是思考派，你就认真地听大家在聊什么，收集有用的信息。

如果你是感觉派，你就像平常那样，努力扮演好活跃现场气氛的角色。

如果你是协调派，你可以仔细观察周围的环境，帮着大家点菜、分食物，礼貌地附和着大家，给大家留下好印象。

42

场景 9

# 聚会与团建②：

## 给关键领导留下好印象

# 创造让领导感到舒服的沟通空间

在公司聚会上，面对关键领导，通过营造愉快的沟通氛围，也有可能提升自己的存在感。最近线上聚会也很多，怎样做才能达到上述效果呢？我还是举例说明一下吧。

## ①面对行动派领导

如果是行动派领导，他会准时出席。你需要特别注意一点：由于他不喜欢聊个没完，所以到了预定结束的时间就要马上散会。尤其是线上聚会，如果总是结束不了，会引起很多人的不快，行动派更是如此。如果到时间了，还有人磨磨蹭蹭的话，你就要说"时间就要到了，今天谢谢诸位了，期待下次再聚"这样的话来引导大家。

### ②面对思考派领导

面对思考派领导，你可以在对话中加入一些与工作相关的信息。另外，如果你知道领导的兴趣爱好，也可以主动提出"我很感兴趣，请您给我详细讲讲吧"。也许领导会因此愉快地打开话匣子，对你敞开心扉。

在线上聚会的场合，你要留意领导说的话，一边上网搜索，一边和领导分享查到的信息，从而提高领导谈话的兴趣。

### ③面对感觉派领导

如果面对感觉派领导，你就要重视气氛，展现出你很享受谈话的姿态。尤其是线上聚会，为了避免因为不热闹而导致领导少言寡语，你只有积极做出反应，甚至是夸张的反应才不会冷场。

## ④面对协调派领导

协调派领导不喜欢惹人注目，他们总是关注周围人的感受。在这种情况下，你要尽量地说"谢谢您，总是被您关照"等充满感激又让领导听着舒服的话。

另外，不太爱发言的协调派领导也许在线上聚会中的存在感很弱。这个时候，你就要适时主动地和领导搭话，说一些如"我想请您给我一些建议和指导"的话。正因为比起其他社交类型的领导，协调派领导并不引人注目，所以你要通过对话主动关注他，视他为可以依赖的领导，这会激起他的工作热情。

聚会是职场中的一个重要场合，如果你能让领导心情愉悦地参加聚会，领导就会认为你"真能干""很机灵""用得上"，不仅对你的评价提高了，也会愿意把重要的工作交给你。

# 43

# 向上沟通，让领导成为伙伴

## 不同类型的领导对下属的要求也不同

到底什么样的言行才能更好地契合领导的社交类型，还需要我们更加细致地去体会，并且在各种场景中不断地去尝试。

总而言之，社交类型是依据"如何判断"和"如何思考"两大基轴来分类的。一个人是偏好迅速做出判断，还是习惯在参考各种信息和意见的基础上做出判断？一个人是情感丰富的类型，还是情感内敛的类型？由此形成了行动派、思考派、感觉派和协调派这四大社交类型。根据社交类型的不同，我们应对的方法也大不相同。尤其在职场上，下属如何行动更容易让领导做出判断？什么样的下属会让领导提高好感度？答案并不唯一，我们需要具体问题具体分析。

## 不可缺失交流的时代

为了能够推进工作，让自己的团队取得好业绩，创造有利于领导顺利做出判断和迅速行动的环境非常重要；为了自己能够获得信赖，被委以重任，就必须得到领导的认可。

也就是说，如果你掌握了职场的交流技巧，不仅能让领导接受你的意见，还能让领导快速付诸行动；如果清楚了领导的社交类型，能够契合领导类型进行良好的交流，那么你的业绩就会提高，职业生涯也会有很大的发展。

今后的时代，很多工作会被 IT 技术和 AI 技术所取代。因循守旧的大型企业将难以生存下去，故步自封的企业同样会被淘汰，而这一趋势正在不断加速。面对如此状况，如果还抱着"只要进入公司就生活安稳"的想法是行不通的。如何发挥自己的特长，给领导留下好印象，如何与更多的人建立关系，如何调动周围人的积极性，这些目标的达成都离不开沟通和交流。

## 成为一个有强大生存能力的职场人士

沟通是一种"技巧"，今后大家要不断地打磨。和学习任何一项技能一样，只要有意识地不断强化，就会有看得见的改变。请你克服畏难情绪，勤加练习。

积累是一个过程，你会在"失败了""也许我这样做就好了"的反思和磨炼中不断增加经验值、提高能力。如果进展不顺利，就要考虑换个角度，或者分析一下失败的原因，调整一下做法也是可以的。

此时此刻，也许你还在为"真的可以和任何类型的领导融洽相处吗"而惴惴不安。作为提高沟通技巧的一件武器，请大家一定要掌握社交类型的相关理论。当然，也需要你刻意练习，这样才能渐渐掌握要领，熟练使用。

总之，我们要敢于不断挑战自我，衷心祝愿大家在五年、十年后能够成为拥有强大生存能力的职场人士。

## 对话产生价值

衷心感谢您能读到最后。

年轻人踏入社会，最让他们烦恼的人际关系就是与领导之间的关系。为了让大家能够从向上沟通的烦恼中解脱出来，让工作变得顺利，让自己成长得更快，取得更好的业绩，我撰写了这本书。

如果通过本书能让你与领导顺利地沟通，那么对你，对领导，对公司乃至整个社会都会产生积极的影响，因

为，从对话中所产生的价值是巨大的。本书融入了我在 20
多年的工作中所学到的沟通技巧和从事新人培养的实践经
验。即便说我所取得的成绩大部分都得益于我的沟通能力
也毫不为过。

随着社交网络的出现，即使人们的沟通手段发生了变
化，沟通对象的类型却不会因此而改变，沟通的本质也不
会发生改变。社交类型理论仍然适用于任何沟通场合。

沟通能力越磨炼越精熟。掌握了社交类型理论，并灵
活运用到工作中将是一件很开心的事，而你也会在这一过
程中成为向上沟通的高手。

## 社交类型理论在沟通中的应用成为共同关注的话题

本书原本是面向职场人士的，不过，你会发现它也适
合用以改善亲子间的沟通。也许因为我是一个母亲，将平

日里看到儿子的种种苦恼不知不觉融入本书的缘故吧。

如果明白了如何与领导有效沟通从而更好地推进工作，我想，亲子间的沟通也会得到改善。也许重视社交类型理论在沟通中的应用已经成为大家共同关注的话题。

本书能够在诸多困难中完成出版真是一个奇迹。当然，这离不开诸位亲朋好友和广大读者朋友们一直以来的支持和鼓励，在此，我向大家表示衷心的感谢！

## 版权声明